Para estar en el mundo

El amor a los 40

Los caminos hacia la plenitud amorosa en la mitad de la vida

Para estar bien

El amor a los 40

Los caminos hacia la plenitud amorosa
en la mitad de la vida

Sergio Sinay

OCEANO DEL NUEVO EXTREMO

Editor: Rogelio Carvajal Dávila

EL AMOR A LOS 40
Los caminos hacia la plenitud amorosa en la mitad de la vida

© Sergio Sinay

© EDITORIAL DEL NUEVO EXTREMO S.A.
        Buenos Aires, Argentina

Para su comercialización exclusivamente
en México, Estados Unidos de Norteamérica,
Canadá, países de Centroamérica, países del Caribe,
Colombia, Venezuela, Ecuador y Perú:

D. R. © EDITORIAL OCEANO DE MÉXICO, S.A. de C.V.
        Eugenio Sue 59, Colonia Chapultepec Polanco
        Miguel Hidalgo, Código Postal 11560, México, D.F.
        ☎ 5279 9000   📠 5279 9006
        ✉ info@oceano.com.mx

PRIMERA EDICIÓN

ISBN 970-651-560-7

*Quedan rigurosamente prohibidas, sin la autorización
escrita del editor, bajo las sanciones establecidas en las leyes,
la reproducción parcial o total de esta obra por cualquier medio
o procedimiento, comprendidos la reprografía y el tratamiento
informático, y la distribución de ejemplares de ella mediante
alquiler o préstamo público.*

IMPRESO EN MÉXICO / PRINTED IN MEXICO

*A Marilén, encarnación de mi plenitud amorosa
en la segunda mitad de la vida.
A Malele Penchansky, querida testigo del nacimiento
de estas ideas y sentimientos y, desde hace tantos años,
hermana espiritual y traductora imprescindible
del alma femenina.
A mi hijo Iván, cuyo corazón ya navega en las aguas
turbias y cristalinas, ásperas y redentoras del amor.
A mi hermano Horacio, como celebración.
A Miguel Lambré, porque desde su nacimiento —hace
varios años— este libro fue una buena excusa para
encontrarnos y caminar juntos en la misma dirección bajo
el sol entrañable del afecto.
A los que van al encuentro del amor y no en su persecución.*

Índice

1. El tema de la composición, 15
2. Los cuarenta, 19
3. Ritos amorosos, 37
4. Los protagonistas, 51
5. La cuestión de siempre, 63
6. El equipo más difícil de armar, 83
7. Los tiempos mejores, 105

Esta vez escribiré acerca de mí. O mejor, cada vez que uno escribe, de algún modo escribe acerca de sí mismo.

Fritz Perls,
Dentro y fuera del bote de la basura

1 El tema de la composición

Por donde lo mire, este libro me sigue pareciendo, aún hoy, una historia de amor. Cuando me encontré con la posibilidad de escribirlo, yo andaba a la caza de otras cuestiones. Pasaba por una de esas etapas de mi vida de escritor en las cuales ninguna materia parece estar a la altura del libro anterior y las ideas nuevas asoman como tentadoras sólo hasta que escribo la primera palabra; entonces se desvanecen como sueños interrumpidos. Aunque no me lo confesara, anidaba la sospecha, siempre posible, de que quizá nunca volvería a encontrar un tema que me apasionara o, al menos, que me convenciera. ¿No es así, acaso, como uno tropieza con *las personas de las que se enamora*?

Pero, de pronto, alguien me preguntó por qué, si tanto estaba investigando sobre el amor, la pareja y el enamoramiento, no escribía sobre eso. Me quedé sin respuesta. En verdad: ¿por qué no? Balbuceé que no me sentía autorizado a emitir opiniones que quedarían impresas para siempre acerca de algo tan delicado. ¿Acaso yo era una autoridad en el tema de los vínculos y los afectos? Una persona cercana, querida y sabia me ayudó a ver algo muy simple: cada uno de nosotros es un especialista en su propia vida, en sus propios sentimientos y sensaciones, en su propia historia. Es el *mayor* especialista y está autorizado por sus propias vivencias. ¿De manera que *por qué no*?

Cuando escribí la primera versión de este libro (la que aparece en la primera edición) yo iba a cumplir cuarenta y dos años y todavía estaba conmocionado por el pasaje de la mítica barrera de los cuarenta y la reciente inauguración de una nueva década, que por razones de la intuición y no de la mente presentía como fundacional. Poco después iniciaría mis estudios de psicología gestáltica y eso ampliaría y nutriría mi enfoque personal sobre la vida. En ese proceso comprendí una noción que para mí es esencial: nuestra vida *transcurre en el presente*. Quedarnos anclados con la mirada en el pasado, nos asfixia en la neurosis. Tender nuestro ser hacia el futuro como un anzuelo, nos ahoga en la angustia. El pasado fue, el futuro es una hipótesis. Somos presente.

¿Y qué es el presente? Yo lo percibo como un fluir constante, un proceso continuo. No es un cajón estrecho y sin salidas, no se trata de un compartimiento incomunicado. Viene del pasado y va hacia el futuro. Es un tránsito, es una actualización permanente. Al *ser en el presente* existimos como una actualización constante de nosotros mismos. Si vemos nuestra vida como un árbol, existimos en un estado de tronco, ligados a nuestras raíces y a nuestra copa. En cada etapa de nuestra vida somos el tronco de nuestro árbol existencial.

Por eso decidí, en aquel momento, ocuparme del *amor a los cuarenta*. Porque yo podía internarme en la cuestión amorosa desde la mirada, las reflexiones, las sensaciones, los sentimientos, las intuiciones, las necesidades, las expectativas y las experiencias de mi presente.

- Primera pregunta, entonces: ¿es distinto el amor a los cuarenta, del amor a otras edades?
- Primera respuesta: es distinto y es igual. Es distinto porque nunca antes de los cuarenta fuimos amantes de cuarenta o de cuarenta y pico de años. Y es igual porque cada uno de nosotros es siempre el protagonista de sus amores y, por lo tanto, nuestro amor de los cuarenta está hecho de todos aquellos amores que vivimos, imaginamos, sufrimos, disfrutamos, parimos, sepultamos, perdimos, buscamos y encontramos hasta ahí.

La trama de un romance

Al comenzar a trabajar en el libro me propuse un plan que pronto dejé de lado. La vivencia de la escritura me fue trazando otros caminos. Mientras crecía, el libro encontraba su propio rumbo. *¿No es así, acaso, como se transfigura la fantasía o el proyecto previo de un romance en una relación finalmente real?*

El proceso de la escritura me hizo descubrir en mí zonas de reflexión hasta entonces inexploradas, iluminó ideas que me sorprendieron y que no sospechaba albergar, me mostró actitudes de creación y de elaboración que no había ejercitado, me enseñó, me estimuló, me ayudó a conocerme y a conocer a los otros y otras. *¿No es así, acaso, como nos modifica una relación profunda de amor?*

Aparecieron capítulos inesperados, desaparecieron otros que parecían imprescindibles, y aún hoy —al revisarlo— continúo modificándolo y modificándome, sintiendo que lo que tengo entre manos es energía, un organismo viviente. *¿No es así, acaso, como varía nuestro conocimiento y nuestro concepto de la persona amada mientras construimos nuestra intimidad con ella?*

Desde que terminé aquella primera versión de *El amor a los 40* presentí que mi relación con el libro no quedaría encerrada entre la primera y la última página ni en el tiempo calendárico durante el cual lo escribí. No sabía cuál iba a ser su destino, sus efectos ni su vigencia. Para mí ya estaba definitivamente integrado a mis vivencias profundas. *¿No es así, acaso, como las historias de amor se nos instalan y nos integran desde entonces y para siempre?*

Otra certeza me acompañó desde un comienzo. Yo iba a escribirlo —ésa era la parte que me tocaba— pero el libro estaría amasado con las voces de muchos hombres y mujeres de mi generación. Yo ya conocía esas voces, sus preguntas, sus respuestas. Mi conocimiento no era producto de ningún privilegio, de ninguna virtud esencial: se trataba de la suma de lo vivido, de lo aprendido, de lo ignorado, de lo sentido, de lo compartido, de lo investigado, de lo leído. Era la suma de mi propia historia y de las historias de las cuales fui testigo y confidente. Estaban —siguen estando— a mi alrededor. Era cuestión de escucharlas, de regresar a ellas, de comprenderlas, de volver a contarlas. [Aprovecho aquí para hacer una advertencia: todas las historias que se cuentan en este libro son reales. He sido testigo, me han sido narradas o las he vivido. Sólo he cambiado los nombres por una cuestión de discreción.]

Escribí la primera versión de *El amor a los 40* cuando yo transitaba los primeros tramos de esa edad legendaria, sorprendente, temida, aceptada y,

¿por qué no?, también anhelada. Lo he revisado y actualizado cuando ya transité buena parte de ese tramo existencial y una nueva década empieza a anunciarse en mi vida Desde este presente he agregado algunas vivencias y algunas reflexiones y confirmaciones. Y también desde aquí compruebo y confirmo la singularidad y la universalidad de la experiencia amorosa en cada etapa de la vida. En definitiva, a los cuarenta, a punto de desembarcar, después de cruzar la raya, alejándonos de ella, divisándola lejana en el pasado o en el futuro, de lo que se trata es del amor. Del amor de nosotros, en nosotros, desde nosotros. Es nuestro amor, siempre. De eso se trata.

2 Los cuarenta

Y bien, aquel amanecer marcaba el día. No cabría la menor posibilidad de repetición para cada uno de los instantes de esas veinticuatro horas. Ése sería el único 6 de agosto de 1986. No habría otro a lo largo de toda la eternidad. Lo mismo ocurre con cada jornada de la vida, es verdad. Pero para Alberto —publicista, separado, padre de un hijo de diez años, nuevamente en pareja— el día que importaba era aquél y no otros: el de su cumpleaños número cuarenta.

Despertó más temprano que de costumbre, con una sensación indefinible, mezcla de inquietud, de ansiedad, de orgullo y, también, de cierta melancolía. Cuarenta años. Cuarenta. Cuatro cero. Cua-ren-ta. Tacuaren. Tacuarombó. Se lo decía y lo repetía de varias maneras diferentes. Se deslizó de la cama que compartía con Isabel, su compañera desde hacía dos años, y caminó hacia la sala en el mayor silencio posible. No quería despertar a nadie y necesitaba que nadie se despertara. No deseaba felicitaciones, ni charlas, ni interlocutores de ningún tipo en aquel momento histórico. Ya habría tiempo para todo eso a lo largo del día. Por el momento deseaba que el comienzo de la jornada fuera una ceremonia solitaria. Ni a los treinta ni, mucho menos, a los veinte había sentido que hubiera una conjunción tan íntima entre la fecha de su cumpleaños y el instante de su nacimiento. Como todos, había nacido solo. Y ahora, en ese momento crítico, quería estar solo también, recuperarse incorrupto, virgen y esencial como en el momento en que todo comenzó. El nacimiento, el sueño y la muerte son las circunstancias de soledad más irreductibles del ser humano. Y el instante concreto y real en que pisaba los cuarenta tenía —según su sentimiento— mucho de aquellas tres cosas.

Se acercó a la ventana de la sala. Afuera había una neblina suave que el sol, todavía tímido de las siete de la mañana, tendía a disolver. Después de permanecer allí durante algunos minutos fue hasta el baño. En el camino pasó junto a la puerta del cuarto de los niños. Adentro dormían Matías, el hijo de Isabel, y Ezequiel, su propio hijo. Uno tenía doce años, el otro diez. Aquella noche Ezequiel se había quedado allí, porque no quería perderse el desayuno con su padre en el día en que éste cumplía los cuarenta. ¿Cómo serían los cuarenta vistos desde los diez?, intentó rememorar Alberto. Fue inútil. Ningún recuerdo acudió a su mente. Por lo demás, bastante tenía con saber cómo eran *ahora*. Comenzó a preguntárselo mientras se rasuraba. Su cara en el espejo era la de todos los días. No había amanecido súbitamente canoso ni con un inesperado brote de arrugas. Era el mismo rostro de cada día, el mismo al que había venido saludando durante años en esas mismas circunstancias. No se trataba de facciones adolescentes, pero tampoco permitían que se le calificara de viejo. Era el rostro de un hombre. Un hombre adulto, con ciertos atractivos y ciertos lugares comunes. Lo importante era que podía mirarse a la cara sin encontrarse con la sorpresa de un desconocido. Estaba él, el de siempre. Bajo la regadera se encontró con su cuerpo. También allí todo estaba igual que el día anterior. No había resultado, durante la noche de ese pasaje iniciático, víctima de un ataque de decrepitud. Seguía algo flojo en donde ayer lo estaba, pero eso tenía que ver con su propia indolencia de los últimos meses respecto de la gimnasia y no con un ataque de vejez. No estaba gordo ni mucho menos y, lo fundamental, su sexo vivía. Anoche mismo había palpitado en el interior del cuerpo de Isabel.

Y bien, éste era el día, se dijo una vez más mientras el agua tibia lo acariciaba. A lo largo de los años lo había imaginado de mil maneras diferentes. Con trompetas alegres y con violines melancólicos. A través de la ventana observó que, sin embargo, el mundo no se había detenido. Adentro, él cumplía cuarenta años. Afuera, la vida continuaba. Se dijo que estaba bien así, que de eso se trataba después de todo. De continuar la vida, de no detenerla.

El desayuno de ese día fue distinto. Colmado de regalos, de bromas acerca de su flamante condición de "cuarenton" y de llamadas telefónicas que, casi invariablemente, se iniciaban con la frase "quería ser el primero que te recibiera al cruzar la raya", o cosas por el estilo. Hubo hot cakes con cajeta (su debilidad), los niños compitieron en ingenio a través de cartitas, collages y otros testimonios artesanales del momento histórico, y partió hacia el trabajo con una extraña mezcla de sensaciones en la que alternaban la certeza de lo cotidiano con la vaguedad de lo excepcional. Era su día, y no habría otro igual.

Quizá por eso, o por razones inconscientes que hasta hoy no alcanza a desentrañar, decidió que no iba a convertirlo en un evento público. Se debía, más que a nadie, a sí mismo, a sus balances, a sus sentimientos, a sus reflexiones. En la agencia sus compañeros más cercanos lo invitaron a comer, escuchó reflexiones más o menos previsibles acerca de lo que otros habían hecho o habían sentido a esa edad, oyó chistes obvios, escépticos y, en cierto modo, patéticos acerca de la declinación en la que debería hundirse a partir de ese momento, se sintió querido y no ocultó la emoción a la hora de los agradecimientos. En la noche cenó con Isabel en un restaurante de La Recoleta y cuando se durmió, después de hacer el amor con ella, pensaba que el día había sido quizá demasiado corto. Alcanzó a advertir, también, que nunca más tendría treinta y tantos años.

La casa por la ventana

Susana creyó que no iba a superar aquel momento de su vida. Sus muchos años de psicóloga la habían convencido de que el destino, en realidad, no existe, de que se trata, a lo sumo, de una conjunción de circunstancias que cada quien va determinando de manera consciente o inconsciente. Eso le servía para explicar otras vidas. Pero ahora que se trataba de la suya no encontraba otra explicación que no fuera la fatalidad o el destino. O algo así.

El 11 de noviembre de 1985 marcaba su cumpleaños número cuarenta. Eso, de por sí, resultaba lo suficientemente dramático, sobre todo para una mujer. Más aún, pensaba, para una mujer sola. No se había casado (aunque tuvo un par de experiencias de convivencia en pareja que duraron no más de dos años en cada caso) y si bien eso era producto de una decisión propia y de una convicción personal, a veces un ominoso signo de interrogación se cernía sobre el hecho. Más temprano o más tarde los primeros anuncios de la menopausia comenzarían a sombrear su vida (¿acaso lo era la irritabilidad que últimamente solía asaltarla sin demasiada razón?), y eso significaría que ciertos capítulos de su condición femenina se habrían cerrado de manera irreversible. Acababa de romper una relación de año y medio con un médico un año menor que ella, casado, maniatado por conflictos interiores y decidido a no separarse de su esposa. Y, sin embargo, eso no era lo peor que le ocurría.

    El 9 de julio, a los setenta y seis años, había muerto su padre. Cuatro meses después la herida continuaba en carne viva. Entendía la necesidad y los tiempos de los duelos, pero eso era puro razonamiento. Otra cosa ocurría en su corazón. Sangraba ante la evidencia de que los cruciales temas abiertos a lo largo de toda una vida iban a quedar definitivamente inconclusos. El amor, la rabia, la incomprensión, el acercamiento, la identificación, el rechazo habían surcado la relación padre-hija con una impronta apasionada e intransferible. Aun así, en los últimos tiempos —quizá en el último año— ella había comenzado a entender y a valorar los aspectos entrañables de esa relación. Había dejado de percibirla como un combate para aceptarla como uno de los materiales con que se conformó su propia vida. Había empezado a comprender que su padre era un hombre menos invulnerable, más sensible y débil de lo que ella siempre creyó. Comenzaron a descubrir los códigos ocultos del afecto que los unía. Su madre había muerto dos años antes y posiblemente eso contribuyó a la mutua y tácita revisión. Retirado de la empresa que capitaneó durante años, el hombre se había hecho, en cierto modo y a su manera, más dependiente de la hija. En esas circunstancias su muerte resultó especialmente cruel. Llegó en una madrugada, sin anuncios, sin enfermedades previas, como una broma torpe y sádica. No hubo siquiera una agonía durante la cual Susana pudiera acunarlo mientras se preparaba para despedirlo. Fue un despojo, un arrebato.

    Así la encontraban sus cuarenta. Ni espléndida ni radiante. Herida, sola, en un páramo afectivo que no parecía tener horizontes. Y con la certidumbre de que, a partir de ahora, el tiempo empezaba a computarse en una cuenta regresiva. Tenía, sí, muchos amigos. Sus insuficiencias afectivas en otras áreas se compensaban con creces en la de la amistad. Era incondicional, cariñosa, cobijadora, buena consejera, bien dispuesta, sacrificada, tenaz, alegre. Para todos ellos, los cuarenta de Susana iban a ser un hito... Deseaban acompañarla en la llegada, celebrar con ella, festejarla.

Pero no hubo nada de eso. En aquel mes de noviembre Susana sintió que no tenía ni motivos ni ánimos para una celebración. Y su cumpleaños transcurrió con pena y sin gloria. Dos años más tarde, en un sábado de otro noviembre, esa misma Susana había perdido unos ocho kilos de peso respecto de su estado anterior, pasaba por una muy provechosa etapa de su carrera profesional (además de tener numerosos pacientes, dictaba un seminario en una institución importante, era asesora de otras y se disponía a escribir un libro sobre temas de su especialidad). Desde hacía seis meses estaba en pareja con un profesor de filosofía cinco años mayor que ella y, por primera vez, no le asustaba la idea de una convivencia prolongada. Aún le dolía la muerte de su padre, pero estaba aprendiendo —con duros esfuerzos— a mantener vivos los aspectos más valiosos de esa relación, los que ya habían echado raíces en ella independientemente de la presencia física del hombre.

En ese sábado de noviembre, aquella misma Susana se hizo dueña de un simpático bar de Palermo Viejo, lo alquiló por todo el día, incluido medio día del domingo, lo llenó de globos, consiguió champán y otras bebidas en cantidad como para saciar a un regimiento de la Legión Extranjera recién llegado del desierto, convocó la solidaridad culinaria de sus tías y de sus amigas y, en fin, a partir de las diez de la noche fue la protagonista central de un festejo alborozado, colectivo e inolvidable que reunió a un centenar de personas. Se celebraban los cuarenta años de Susana. Los documentos y las formalidades decían que, en verdad, ella cumplía cuarenta y dos, pero eso era lo de menos. Sentía que era *ahora* cuando en realidad estaba cruzando la barrera. Después de aquel momento crucial se había prometido algo: cumpliría cuarenta cuando se sintiera en la forma debida, cuando eso pudiera ser un triunfo y no una derrota. Y la fecha exacta no asomaría en los calendarios sino en su corazón.

Cruzar en compañía

El año era 1982 y la ceremonia tenía algo de rito iniciático. Quienes asistimos nos divertimos mucho, nos sentimos partícipes, fraternos y solidarios. Algunos porque ya habían atravesado el pasaje mítico, otros porque aún estábamos a algunos tramos de él, pero pretendíamos avizorar cómo sería lo que se venía.

El lugar elegido fue una casa blanca, cómoda y funcional, rodeada por un jardín en el que cabían algunos árboles y una parrilla amplia y prometedora. Hubo chorizos, hubo empanadas, hubo vino, hubo pasteles, hubo generosidad en las provisiones. Yo conocía a los oficiantes. A algunos ligeramente, de otros era amigo, con uno me unía, me une aún, un afecto acorazado, a prueba de tormentas e imprevistos. A todos los vi nerviosos, excitados y monotemáticos durante las semanas previas. Por momentos pensé que exageraban; en otras ocasiones se me daba por imaginarlos víctimas de una neurosis colectiva. Pero yo, en fin, apenas si iba a cumplir treinta y cinco años por entonces y no podía entender del todo.

El día fijado fue un sábado en la noche. Cuando los invitados comenzamos a llegar, ellos ya estaban. Serían una docena. Una larga docena en la que cabían médicos, periodistas, abogados, psicoanalistas, algún profesor universitario, un editor y seguramente otros oficios y profesiones que se me escapan, pero que no rompían este espectro. Eran hombres y mujeres. En algunos casos, parejas o matrimonios, en otros, la participación era individual, aun cuando el oficiante estuviera casado.

El origen de la iniciativa se ha perdido aun para sus propios protagonistas. Y así debe ser, porque no se trataba de algo personal. Todos ellos cumplirían cuarenta durante diferentes momentos de aquel año. Eran amigos entre sí, y la idea de convocar en una sola y única fiesta a todos sus otros amigos tuvo algo más que simple originalidad. Constituía un pacto tácito de acompañarse en el momento crucial. Ese momento ya no era una referencia lejana, tampoco un motivo de bromas, ni siquiera un objeto de confidencias, de temores, de expectativas, de interrogantes. Simplemente habían llegado los cuarenta. En tropel, sin aplazamientos, sin pausas (acaso con alguna prisa) ingresaban todos en esa región de la vida.

Los cuarenta.

Para aquel grupo el momento merecía una celebración colectiva. Hoy ha habido cambios en la vida de casi todos ellos. Los menos continúan casados con sus mismas parejas, otros están solos y bien, otros más están solos y mal, otros han reincidido. Hubo modificaciones en su actividad laboral; también, en algunos casos, en su modo de ver la vida o en sus posiciones políticas. Los hay que ni siquiera viven en el país. Entraron en aquel entonces en la segunda mitad de su vida, y eso estuvo lejos de ser algo sin importancia.

La fuga imposible

He recordado tres cumpleaños conocidos. No los únicos, claro. He visto cruzar los cuarenta de muchas maneras diferentes. Con sentimientos y actitudes necrológicos, con súbitas caídas en adicciones (alcohol, drogas), con euforia, con resignación, con emprendimientos novedosos, con sorpresivas modificaciones de características individuales, con flamantes paternidades y maternidades, con cambios revolucionarios de formas de vida, con apabullantes declaraciones de principios. Mi propia experiencia ha sido una combinación compleja y sutil de variantes. Como a muchos de nosotros, como a todos quizá, me ocurrió que seguí cumpliendo cuarenta años durante un largo tiempo. Es que no se cumplen de una sola vez. No es una efeméride más en el calendario personal. Es el punto nodal que marca la existencia de la *crisis de la mitad de la vida*.

No veo por qué temerle a la palabra, ni por qué rodearla de connotaciones sombrías, ni angustiantes. Mi *Pequeño Larousse* es un ayudante confiable, siempre lo ha sido. Y de la palabra crisis, él dice: "Cambio favorable o desfavorable sobrevenido en una enfermedad; momento decisivo y peligroso en la evolución de las cosas; conflicto, tensión". Y aporta un par de sinónimos: "mutación", "vicisitud". Si obviamos la palabra enfermedad, todo lo demás es claro y exacto. Los sinónimos son perfectos. De eso se trata, de mutaciones y vicisitudes, de las más profundas vividas hasta ahí.

No es que no haya crisis a los veinte, cuando dejamos el hogar de origen y empezamos a preguntarnos —mientras tropezamos y nos llevamos los primeros porrazos serios en el mundo adulto— quiénes somos. No es que no haya crisis a los treinta, cuando descubrimos que los años de la inocencia, de la experimentación y del no compromiso se han esfumado con una celeridad que no es fácil de asimilar ni de explicar. Pero a los cuarenta, la crisis tiene otra calidad. El psicólogo Daniel J. Levinson —quien comandó en la universidad estadunidense de Yale un equipo de investigación sobre los adultos en transición— lo sintetiza así:

> No se trata de una pequeña molestia, como una gripe pasajera. Lo que está sucediendo es algo profundo, o al menos cabe la posibilidad de que sea así. Hay que tomárselo en serio. No basta con pensar *con que salga adelante es suficiente; dicen que a todo el mundo le pasa lo mismo, de modo que puedo tranquilizarme un poco. Sea como fuere sobreviviré.* Lo que está en juego es algo más que la mera supervivencia. Si uno intenta grandes cambios, puede fracasar de manera lamentable. Pero si no intenta ninguno, en pocos años más se sentirá muerto [...] se habrá estancado.

A los cuarenta la palabra crisis tiene un contenido menos difuso. Al menos hay un ingrediente que entra en el juego con peso inocultable. El tiempo. En un trabajo de 1965 (*La muerte y la crisis de la mitad de la vida*) el psicoanalista inglés Elliot Jaques escribía: "El hecho liso y llano es que se llega a la mitad de la vida. Eso es simple desde el punto de vista cronológico, pero no lo es desde el psicológico".

El alemán Hermann Schreiber, autor de *La crisis de la mediana edad*, lo redondea de un modo implacable:

> Al pasar los cuarenta años de edad se produce una modificación en la manera de estimar el tiempo. Ahora ya no contamos el tiempo de la vida exclusivamente como el tiempo transcurrido desde el nacimiento hasta el presente, sino que también lo estimamos como el que va desde el presente hasta la muerte. Y entonces empezamos a emplear expresiones como *el resto de la vida* o *lo que nos queda de vida*.

Él mismo sostiene:

Lo que ocurre realmente es que al promediar la vida adquirimos conciencia de la muerte, encontramos la muerte y la consideramos una circunstancia de la vida.

La muerte. El final inevitable del tiempo. Cuando uno está en los cuarenta no parecen haber maneras de fingir ignorancia ante esta presencia. La muerte nos recuerda su propia existencia a través de un cerco sutil con el que nos envuelve, aun sin necesidad de ahogarnos. Mueren amigos de nuestra generación. Diré mejor: *mueren los primeros miembros de nuestra generación.* El infarto, el cáncer, lo inexplicable o lo inesperado son, de pronto, circunstancias posibles. Mueren conocidos o familiares mayores que nosotros, pero a los que aún no habíamos alcanzado a considerar viejos. Mueren proyectos y sueños. Ahora sabemos que algunas de las cosas que con más intensidad habíamos deseado hace quince o veinte años ya no serán posibles. Ahora conocemos la medida de lo posible. O, por lo menos, tenemos conciencia de lo que *no será*. Mueren fantasías y escenarios imaginarios. Mueren vínculos.

"La vida se restructura desde la perspectiva del tiempo que queda por vivir, más que en función del tiempo transcurrido desde el nacimiento", apunta Bernice L. Neugarten, quien fuera presidenta de la Comisión del Desarrollo Humano de la Universidad de Chicago.

No es, la de los cuarenta, otra crisis más. No es apenas un nuevo estremecimiento al cruzar un número redondo. Esta vez se trata de la mitad de la vida. "Ninguna persona puede huir de sí misma [...] sobre todo, si no ha llegado a establecer lo que realmente quiere ser en el otro lado del meridiano de la vida, en la segunda mitad de la vida." Esta crisis no admite posibilidad de fuga, aun cuando hay siempre quienes se las arreglan para negar lo innegable y escapar. Pero hablemos de los que hemos quedado de cara a los años que se vienen.

Mirando por encima del muro

Hace unos años me encontré con una frase que me resultó particularmente conmovedora: "Nada existe excepto el aquí y el ahora. El pasado ya no es, el futuro aún no es". La encontré en el libro *Sueños y existencia*, de Fritz Perls. Más adelante la idea se retomaba: "Autenticidad, madurez, responsabilidad de los propios actos y *vivir el ahora*, con la creatividad del ahora a nuestra disposición, es todo una misma cosa. Únicamente en el ahora estamos en contacto con lo que ocurre".

Desde mis propios cuarenta pude encontrar en esos párrafos significados profundos y movilizadores. Es común que vivamos descuartizados por esta opción: el ayer y el mañana. No es muy largo el tramo que lleva a sentirse empantanado en el ayer, en lo que hicimos, en lo que no, en lo que nos hicieron, en lo diferente que todo hubiera sido de haber tomado en determinado momento otras decisiones o actitudes. Es cierto que para llegar hasta donde nos encontramos hemos debido transitar por nuestro pasado. Pero también lo es que ese pasado resulta ya inmodificable. Lo que no es inmodificable es lo que el pasado ha hecho de nosotros. De lo contrario no habríamos crecido. Las crisis de las edades son, en definitiva, crisis de evolución, de crecimiento. "Las dificultades de la mitad de la vida —escribe Nancy Mayer en *The Male Mid-Life Crisis*— no son simplemente repeticiones de antiguos conflictos, sino signos de nuevo crecimiento y nueva evolución."

Frente al pasado, está el otro polo de tensión. El futuro. Pretender conocerlo o determinarlo es equivalente a creerse dueño del destino. Y algo que vendría bien sacarse de encima a la altura de los cuarenta es el lastre de la omnipotencia. No es posible determinar el futuro, adaptarlo contra viento y marea a nuestras fantasías, necesidades, pretensiones. Quienes más, quienes menos, creo que todos debemos tener abundantes experiencias en carne propia acerca de esta situación. Es una suerte que no se pueda. Eso elimina exigencias agobiantes, disipa expectativas desmedidas, permite un eterno retorno al presente. ¿No somos, entonces, protagonistas de nuestro destino? ¿Hay que olvidar esta consigna, pese a que suena tan bien, tan emotiva? No se trata de eso. En verdad el destino se forja hoy, metiéndonos hasta los huesos en el presente. El destino es ahora. De eso se trata siempre, también a los cuarenta.

Comprender esto no es poca cosa. En principio elimina las lamentaciones recurrentes en torno del pasado. "Las dificultades de la mitad de la vida no son simplemente repeticiones de antiguos conflictos, sino signos de un nuevo crecimiento y una nueva evolución." Me gusta repetir esa frase.

¿Y entonces qué diablos se hace con la crisis? ¿Se evade uno alegremente de ella? No, claro, está ahí. Se presenta en forma de preguntas, de sentimientos indefinidos, de tristezas insondables, de confusiones inesperadas, de dolores que penetran hondamente, como el filo de un cuchillo delgado. Pero si para algo no sirve una crisis es para quedarse a vivir en ella. Y a menudo —habituados como estamos a jugar los papeles que se supone que los demás esperan que juguemos— solemos contar y contarnos que la crisis no tiene salida, que su dramatismo es profundo como ninguno, que no hay una mínima filtración de luz en semejante tiniebla. Si se observa en perspectiva, dando un paso al costado de la situación, a menudo es posible comprobar (en los demás, en nosotros) que la crisis no siempre es una verdadera vivencia. A veces se trata de una actuación. Sólo que los actores están tan poseídos de su papel, que los límites entre la actuación y la realidad se tornan difusos hasta para los protagonistas.

Hace algunos años encontré en el libro de Schreiber una entrevista reveladora acerca de este tema. El que respondía era el profesor Reinhard Tausch, un psicólogo y terapeuta que dirigía el Instituto de Psicología de la Universidad de Hamburgo. Hay en esas palabras una notable dosis de lucidez.

> Si las personas padecen una midlife crisis —decía Tausch— yo supongo que eso se debe a que en su vida anterior vivieron con poca identidad sus crisis, a que hicieron balances deficientes y a que discutieron y dialogaron muy poco consigo mismas. Yo supongo que esas crisis existenciales, esas crisis aparentemente insolubles nacen en una fase posterior de la vida, cuando anteriormente los hombres ignoraron sus propios problemas o los problemas de sus relaciones con otros seres humanos.

¿Niega Tausch la simple existencia de la crisis?

No niego que los seres humanos puedan experimentar tal crisis si en los veinte o treinta años anteriores no reflexionaron suficientemente sobre sí mismos, sobre su vida, sobre su pareja, sobre sus experiencias profesionales y si no se debatieron activamente con su propia vida.

¿Qué quiere decir con que esas personas no se debatieron suficientemente con su propia vida?, es la pregunta que sigue. Y ésta la respuesta:

Una persona cree que puede desarrollarse interiormente haciendo una buena carrera profesional, pero es evidente que la personalidad en sí no crece, no se desarrolla, sino que lo que crece son sus propiedades, su prestigio, su poder, su familia y tal vez sus éxitos profesionales. Pero la persona misma no se modifica de una manera constructiva [...] Yo me inclino a creer que cuanto más logre un ser humano en las cosas exteriores tanto mayor peligro corre de no continuar desarrollándose psíquicamente en su personalidad. Además, cuando en su vida profesional o en su vida privada los hombres viven según un determinado papel que se han impuesto es inevitable que tarde o temprano sufran una grave crisis. Lo más importante para evitar esa crisis es dialogar con uno mismo con más frecuencia y honestidad de lo que solemos hacerlo.

El pastito interior

Lo que ocurre, en verdad, es que a esta edad ya no quedan muchas posibilidades de mentirse. Es el momento del Gran Balance. ¿Qué soy? ¿Qué hice? ¿Qué quiero? ¿Por qué estoy en donde estoy? ¿Quiero estar con quien o quienes estoy? ¿Qué haré?

No es necesaria una gran puesta en escena y ni siquiera ademanes ampulosos o un tono trémulo para hacerse esas preguntas. Tampoco hay una voz en off, reverberante, que las formule con una modulación admonitoria. Lo más probable es que estas dudas ni siquiera aparezcan formuladas de un modo puntual, taxativo. Absolutamente nada de eso.

Simplemente están ahí, aparecen. De pronto, sin quererlo, sin pensarlo, las planteamos por primera vez en mitad de la conversación con un amigo. O, vaya a saber uno por qué extraña pirueta, se prenden como una luz de neón en la fugaz duermevela de una madrugada, al pasar de un sueño a otro. En otro casos, uno maneja su auto con la mente divagante cuando surge alguna de las preguntas como una señal en el camino. Todo esto no significa que se planteen siempre de un modo aparentemente casual. Suelen estallar al cabo de una crisis afectiva, o brotan del dolor provocado por la muerte de alguien cercano y querido. O son el corolario impiadoso de una debacle laboral. De una manera o de otra, por uno o por otro motivo, las preguntas siempre aparecen. "A los treinta no me pasó nada; me dijeron que los cuarenta me iban a pulverizar y no ocurrió; ahora a los cincuenta veo que tenían razón", dice Marion (Gena Rowlands) la protagonista de *La otra mujer*, esa indagación dolorosa y sublime de Woody Allen acerca de los compromisos afectivos. Postergar no es responder las preguntas; ocultarlas no significa eliminarlas.

En este mediodía de la vida, como la llamó Carl Jung, el pasado se plantea en forma de preguntas sobre cuestiones inconclusas. Es ahora cuando aparece la oportunidad decisiva de responderlas. Si éste es el momento de la madurez, si la madurez es posible, quizá gran parte de su secreto consista en poder mirar hacia adentro sin barreras, sin engaños, y descubrir —finalmente— que las respuestas, las verdaderas respuestas, están allí y que, acerca de ellas, no hay que rendir cuentas ni echar culpas. Miguelito —el amigo de Mafalda— hablaba en una de las tiras de la serie de "regar el pastito interior". Jamás he encontrado una síntesis mejor que ésa para explicar de qué se trata. Hay un jardín dentro de uno y no siempre suele estar cuidado ni regado como se debe. Con demasiada frecuencia es un jardín de flores que se marchitan. Resulta cierto que muchas tormentas atentan para eso y que provienen del exterior. Pero, con la mano sobre el corazón, cualquiera de nosotros sabe, aunque muchas veces cueste admitirlo, que las culpas no son siempre externas. La mayoría de las veces no lo son. Insistir en lo contrario sería como argumentar que, en definitiva, nadie es protagonista de su propia vida. De ahí a que vivirla o no vivirla sea lo mismo queda un paso. Un paso lamentable.

Un balance honesto de la propia vida puede concluir en que las razones, las culpas o las explicaciones no están necesariamente en los demás, en el pasado ni en el destino (ese comodín abstracto y "facilón"). Lo contrario sería evitar la responsabilidad acerca de la propia existencia. Si no soy responsable de mi vida, es probable que ésta sea más pobre cada vez; me habré apartado de la posibilidad de entender y enriquecer mis experiencias. No son otros los responsables de mi vida. Los otros no están para eso. El responsable soy yo. Lo cual me abarca, por supuesto, de un modo integral: cuerpo, decisiones, sentimientos. Con mucha más razón a los cuarenta, entonces, soy quien soy y soy lo que yo soy.

Si hay un lugar desde el cual esta frase no admite ser entendida es desde la resignación. Resignarse significa transferirle a los demás, al destino, a la fatalidad, la responsabilidad de mi presente. Y así aparecen —gente de cuarenta— los resignados a un trabajo sin futuro, a una pareja sin amor, a los kilos de más, a los pelos de menos, a las esperas sin esperanzas. Personas que convierten el mediodía de la vida en un crepúsculo precoz. Pero ésta no es la edad de la derrota ni del abandono. A esta altura de la vida uno debería sospechar —y, si no, es un buen momento para aprenderlo— que jamás se deja de aprender, de crecer, de evolucionar. También, que jamás se deja de amar.

Hay una película que capta con sensibilidad esencial lo que se siente al darse cuenta de todas estas cosas en la mitad de la vida. Es, otra vez, de Woody Allen. *Hannah y sus hermanas*. El protagonista (Mickey), encarnado por el mismo autor, enfrenta sus miedos, su hipocondria, su terror a morir, sus imposibilidades afectivas, sus crisis de conciencia, de identidad y de creencias en un contexto en el cual todos los demás personajes se cuestionan, se redefinen, se desencuentran y se encuentran al compás de las incesantes vicisitudes cotidianas y al calor de sus propias elecciones y decisiones. Acaso Mickey es el mismo personaje que deambulaba en *Sueños de un seductor*, *Annie Hall*, *Manhattan* y *Zelig*, entonces con otros nombres y en etapas diferentes de su mismo crecimiento y evolución. Como quiere Reinhard Tausch, el personaje de Allen ha estado —a través de los años y de las sucesivas películas— en una crisis permanente, en un diálogo constante con él mismo. Y ahora, cruzados los cuarenta, su autor se halla en condiciones de efectuar el balance en el que asoman la responsabilidad y la paz interior. En la penúltima secuencia de la película, Mickey está en el umbral de su propia aceptación. Pero no ha sido fácil. Se encuentra con Holly (Dianne Wiest), una de las hermanas de Hannah, en la que va a encontrar finalmente el amor. Charlan. Caminan. Ella le pregunta: "Pasaste por una menuda crisis, ¿verdad? ¿Cómo lograste superarla? Cuando nos encontramos parecías estar bien. Y también pareces estar bien ahora".

Y Mickey le cuenta: intentó matarse y falló en el disparo. Al final solo rompió un espejo. Allí tocó fondo. Asustado, salió a caminar buscando ordenar sus pensamientos y tranquilizarse. Anduvo sin rumbo fijo durante horas. En un momento entró en un cine sin tener la menor idea de qué película exhibían.

La película era *Sopa de ganso*, de los hermanos Marx. Mientras Mickey narra estos sucesos, en la pantalla las imágenes de *Hannah* ceden su lugar a las de *Sopa de ganso*. Los hermanos Marx y una multitud de personajes bailan, se mueven y cantan. Mickey está sentado en la butaca y mira. Su voz en off dice:

> Era una película que desde niño he visto muchas veces y siempre me gustó mucho. Miraba a toda aquella gente en la pantalla y empecé a entrar en la película... Y empecé a reflexionar. ¿Cómo es posible que pienses en matarte? ¿No te parece algo estúpido? Mira a todos esos que están ahí, en la pantalla. Tienen mucha gracia. Y si lo peor es finalmente verdad, ¿qué importa? Y si no existe Dios y sólo vives una vez y se acabó, ¿qué importa? Vamos, ¿no quieres pasar por esta experiencia? Después de todo, no todo es una porquería, qué diablos. Y tengo que pensar en mí mismo, tengo que dejar de amargarme la vida haciéndome preguntas que jamás podré contestar. Tengo que disfrutarla mientras dure. Y... bueno... después de todo, ¿quién sabe? quiero decir, es posible que exista algo. Nadie lo sabe con certeza. Lo sé, sé que la palabra "quizá" es una percha muy débil para colgar tu vida entera. Pero es lo mejor que tenemos. Y... entonces me puse cómodo en la butaca y empecé a divertirme de veras.

Espacio de reflexión un balance a los cuarenta

	A LOS 20	A LOS 30	A LOS 40
El trabajo	Etapa de búsqueda y definición	Consolidación de proyectos propios	Recuperación de vocaciones postergadas
Los proyectos	Confusos, cambiantes, aluvionales, muchas veces superan a los recursos	Básicamente relacionados con la consolidación material y la ubicación en la sociedad	Discriminados, orientados a la búsqueda del bienestar espiritual
La pareja	Temporal, cambiante, basada en la intensidad pasional, influida por modelos y mandatos (los sigue o los transgrede)	Orientada a la concreción de proyectos existenciales. Pesan expectativas ajenas	Oportunidad de elegir desde la experiencia y el conocimiento de sí. Pasan al segundo plano expectativas ajenas
El amor	Confusión de impulsos y sentimientos. Categorías absolutas y excluyentes	Se reproducen dudas acerca de su naturaleza. Primeras definiciones personales desde la vivencia	Comienza a aceptarse su condición misteriosa y multifacética. Se vive como un derecho adquirido

Espacio de reflexión un balance a los cuarenta (continuación)

	A LOS 20	A LOS 30	A LOS 40
Las grandes preguntas	¿Qué me espera? ¿Qué lugar me dan? ¿Qué quiero ser y hacer?	¿Llegaré a cumplir mis sueños? ¿Es esto lo que deseo? ¿Qué quiero yo y qué desean de mí?	¿Quién soy? ¿Qué hice? ¿Cómo me siento? ¿A dónde voy? ¿Quién me acompaña? ¿Habrá tiempo?

3 Ritos amorosos

Quizá si hubieran tenido diecisiete años o veinte todo habría sido más simple. Quizá. Él hubiera podido decirle a ella algo tan sencillo como "Me gustas mucho". Quizá ella habría bajado la mirada para responder, sonriendo: "Tú también". Él, tomándole las manos, habría depositado un beso en los labios de ella. Después marcharían abrazados con rumbo al lugar en donde continuaría el diálogo, el silencio, el descubrimiento, la ilusión, el romance.

Casi con seguridad —si es que las cosas no han cambiado mucho desde mi adolescencia—, la historia habría comenzado así. Si luego hubiera sido corta o larga es lo de menos. ¿A quién le interesan, después de todo, los finales?

Pero ellos, los de esta historia, ya no tenían diecisiete años. Ni veinte. Eran un hombre y una mujer de cuarenta. Algún año más o algún año menos. Como las mariposas que creen volar hacia la luz y se estrellan contra vidrios que las aprisionan, las detienen y las postergan, habían crecido golpeándose. Como a esas mariposas, algunas llamas les habían quemado las alas, y de esas quemaduras habían aprendido a temer.

Nada de esto me consta. Simplemente lo imaginé al observarlos. Lo deduje de su edad, no muy lejana de la mía. Acaso habían descubierto al crecer —al dejar atrás los diecisiete años, y los veinte—, que el amor puede ser, además de nido, cárcel, que muchas veces es más fácil depender que liberarse, y que el mundo exterior —el de los juicios y los prejuicios— puede ser tan impiadoso en la adultez como lo es en la adolescencia o en la infancia. Con una desventaja: a los adultos no se les permite sufrir, deben ser fuertes y eficientes. Eso es lo que suele esperarse de un esposo, de una esposa, de una madre, de un padre, de una ciudadana, de un ciudadano, de una profesional, de un profesional. Habían llegado a creer, puedo apostarlo, que las decisiones que se toman en la vida —especialmente en la vida de una persona de cuarenta años— deben ser correctas y definitivas. Eran expertos, seguramente, en el arte de evitar riesgos, aventuras, imaginación, libertad.

Contra todos esos peligros se habían rodeado de fosos y de puentes levadizos construidos en buena medida con palabras. Con muchas palabras. Con un arsenal de palabras útiles para protegerse, para aislarse, para incomunicarse, para prevenirse, para defenderse. Y, sin embargo, absolutamente inútiles para decir cosas tan simples como "me gustas mucho" o "tú también".

No, no tenían ni diecisiete años ni un futuro virgen. Eran un hombre y una mujer de cuarenta, con muchos miedos, con sueños truncos, con frustraciones, con imposiciones agobiantes, con exigencias propias y aprendidas. Tenían mucha adultez adulterada, dictada por mandatos, no elegida libremente.

Por eso aquella tarde, en la mesa del bar de Coronel Díaz y Soler en que los vi, su conversación resultaba tan difícil. Por eso tenía tanta semejanza con una partida de ajedrez, en la cual todo parecía depender de cada movimiento, de cada idea, de cada sílaba.

Yo estaba en una mesa junto a la de ellos. Había permanecido absorto en mis pensamientos. No sé qué rapto de intuición me hizo reparar en la pareja. Lo cierto es que no escuchaba sus palabras. Todo lo que me llegaba eran sus gestos. Lo demás corría por cuenta de aquella misma intuición. O de la memoria. Eran, después de todo, un hombre y una mujer de mi generación. Me esforcé, sin embargo, por capturar el diálogo y, con esfuerzo, lo conseguí. Entonces me sentí como un invasor silencioso.

Él hablaba de sí como de un tercero. Hablaba de la ilusión, y no de *su* ilusión, hablaba del deseo y no de *su* deseo, hablaba de las mujeres y de los hombres y no de *ella* y de *él*. Era obvio que quería decirle que ella le gustaba, pero al mismo tiempo procuraba no dejar evidencias, ni pruebas en su contra, de haberlo dicho. Trataba de aparentar seguridad; era como un niño asustado. Se esforzaba por cumplir con su papel de hombre adulto que no hace, no debe hacer, cosas de adolescente.

Ella hablaba menos. Pero no dejaba de mirarlo. Aun con mi disimulo para observar, creí advertir miedo en los ojos de la mujer. Pero no sólo eso; la mirada transmitía también destellos de entusiasmo y de ternura. Cuando iban a delatarla recuperaba el equilibrio, apartaba la mirada, decía una frase que ponía distancia. Y la ronda se iniciaba una vez más.

Pude descifrar lo que se decían. Se contaban que les gustaba estar allí, el uno con el otro. Se lamentaban de las imposibilidades, jugaban temerosamente con sus fantasías. Presentí que querían confesarlas, pero que temían tornarse vulnerables si lo hacían. Las manos de ambos decían más que las palabras. Acariciaban las tazas vacías, recorrían la textura del mantel, convertían las servilletas en bollitos, cruzaban furtivamente la mesa para rozar apenas el otro brazo. Los cuerpos, inclinados sobre los bordes de la mesa, también hablaban más que los labios.

No tenían diecisiete años. No. Y cargaban con sus historias personales. Pensé que cada uno tenía —o habría tenido— una pareja, además de otros puntos de referencia y de pertenencia. A veces la historia es la identidad, pero resulta también una cadena. Por eso no podían resolver con sencillez aquella situación. En lugar de decir *yo soy así y tú me gustas*, se esforzaban por representar a los personajes que les había tocado ser en sus vidas adultas y cotidianas. Esos personajes se les anteponían.

Iba a irme, frustrado en cierto modo con la frustración de ellos, cuando escuché que la mujer decía: "¿Pero de qué estamos hablando, qué es lo que me quieres decir?". Él se detuvo, como un boxeador alcanzado por un golpe en contra por adentro de su guardia. No cayó, sin embargo. Sólo se recostó en las cuerdas y, acorralado, dijo: "Quiero decir que me gustas mucho". Ella parpadeó, sonrió con dulzura y respondió: "Está bien, está todo bien. Todo esto me provoca una gran ilusión".

Entonces, sí, tuve que irme. Mientras caminaba repetía esa palabra: ilusión, la sentí suave, cálida, cristalina.

Ignoro qué fue de aquella pareja. Aunque me gusta imaginar que su historia no terminó allí. En verdad no me importa si fue —si es— corta o larga.

No es eso lo decisivo. Y, por otra parte, ¿a quién le interesan, de verdad, los finales?

Las reservas indias

Hoy recuerdo aquel episodio en el bar y puedo imaginar la forma en que se inició. Apostaría a que él le dijo "Me gustaría tomar un café contigo", o algo por el estilo. La palabra café tiene poco menos que un sentido mágico en el ritual amoroso. Mucho más a los cuarenta, cuando somos todos viejos degustadores de tazas de café. Todos sabemos que un café no significa un café, que es apenas el pretexto para incursionar en el terreno del otro, para internarse en los primeros círculos del misterio y averiguar con quién estamos, a cambio de entregar algunos datos esenciales acerca de nosotros. Lo curioso de los rituales es que, pese a resultar actos, gestos o ceremonias vividos y practicados decenas de veces, cada vez que se ejecutan renuevan la presencia de la expectativa, de la esperanza, de la ilusión.

Néstor tiene ahora cuarenta y tres años y es gerente de publicidad de una empresa de telecomunicaciones. Hace unos cuatro años, una noche al llegar a su casa tenía una llamada de su amigo Alejandro en la contestadora telefónica. Después de cinco experiencias casi matrimoniales (todas ellas con convivencia incluida y, en un par de casos, habiendo tenido hijos con su pareja en turno), Alejandro era un infatigable buscador de nuevas oportunidades, experiencias o afectos. No sólo para él. También para sus amigos. Él no podía vivir solo y no soportaba que los demás lo hicieran. De manera que la llamada de aquella noche incluía un objetivo preciso. Alejandro tenía desde dos meses antes una nueva novia, y ambos querían presentarle a Néstor una amiga de ella. El momento sería el siguiente viernes; el lugar, la casa de Alejandro, y el pretexto, una cena.

Néstor estaba separado desde hacía cuatro años y, desde entonces, había mantenido su individualidad con cierto orgullo y sin sobresaltos. No le habían faltado oportunidades de relacionarse con mujeres y había hecho de esos encuentros un espacio en el que podía moverse sin establecer compromisos profundos. Apenas una vez se sintió al borde del enamoramiento, pero las circunstancias (una beca la llevó a ella a vivir a otro país) lo habían privado (o protegido, como gustaba bromear) de la experiencia. En los días en que recibió la llamada de Alejandro pasaba por un periodo de soledad elegida. Así le llamaba a esa necesidad que sentía de replegarse sobre sus propios espacios y tiempos, en una suerte de viaje interior durante el cual solía reflexionar con claridad y con sinceridad. En esos periodos, el rubro mujeres pasaba a un plano secundario en su vida. Sin urgencias y sin sentimientos de carencia. Con naturalidad.

De todas maneras, confiaba en Alejandro. Cuando su amigo aparecía con este tipo de convocatorias, no solían tratarse de perdigones disparados al azar. Alejandro y él tenían gustos similares en materia de mujeres. Y no sólo gustos: también coincidían habitualmente sus expectativas acerca de qué esperaban de una relación. Acaso la llamada era una señal, y había llegado el momento de abandonar el letargo.

Néstor arribó a aquella cena con una expectativa ligera y alegre como el champán. Era el sentimiento que solía abrigar ante la inminencia de agregar un nuevo nombre a su récord de soltero independiente. Ella se llamaba Marta, era abogada, tenía la misma edad de él y una hija de catorce años, producto de un matrimonio que había finalizado cinco años antes. La cena fue animada y generosa, como el vino y la conversación. Marta era una morena atractiva, y Néstor aprobó desde el principio la elección de Alejandro. Sin embargo, en ningún momento sintió que él y la mujer entraran en auténtico contacto. Entre ambos reinaba cierta formalidad. Ella parecía estar pendiente de algún pensamiento muy personal e insondable. Él sintió un pudor súbito ante aquella situación. "Soy grande ya para que me estén preparando este tipo de presentaciones", se dijo. "¿Qué va a pensar esta mujer, que soy inválido?" Después se confesaría que ese pensamiento se debía a que Marta le gustaba. Y hubiera deseado que hubiera sido una conquista propia en un cien por ciento. Sin ayudas. Una cuestión de orgullo masculino.

A las dos de la mañana, cuando ella comenzó a despedirse, él se dijo que era entonces o nunca. Con velocidad de reflejos buscó su propio saco y se ofreció a llevarla. Ella tenía auto. "Entonces tomemos un café", fue su último recurso. Así, en plena madrugada, frente a las tazas que empezaron a desfilar con ritmo lento y seguro, se inició el verdadero encuentro entre ellos. Marta le confesaría después que, si él no hubiera tomado la iniciativa, ella habría dado por terminado el caso. La cena había sido amable, sí, pero nada más.

Lo cierto fue que el fin de semana siguiente al del encuentro lo pasaron en Pinamar. Seis meses después vivían juntos, y la relación continúa todavía hoy. Ellos dicen que en parte se lo deben a Alejandro y a Silvia (separados pocas semanas después de la legendaria cena), pero sólo en parte. Prefieren atribuirse los méritos a sí mismos. La cena fue, en verdad, un fracaso, aseguran ahora. El cortejo se inició, en realidad después.

Amigos que presentan. Invitaciones que surgen solas, a fuerza de la propia decisión. He ahí algunos ritos iniciáticos. También hay otros. Por ejemplo, el de Alicia, que tiene treinta y nueve años y es médico.

Hija de un cardiólogo reconocido, hermana de un político, exesposa de un abogado, madre de un hijo de once años, Alicia había llevado siempre una vida relativamente ejemplar, en la cual la transgresión sólo cabía como una categoría intelectual. Antes de su matrimonio y después de él había tenido varias relaciones: novios de la adolescencia y de la adultez. También algún amante fugaz y ocasional mientras estuvo casada, durante cierta crisis de la pareja. Pero nunca se hubiera imaginado prestando atención a los requerimientos de un desconocido en la calle. Eso no era para ella. Hasta que ocurrió.

Fue en una tarde de otoño, a la salida de su sesión de terapia, mientras caminaba absorta en pensamientos y sensaciones. De pronto escuchó una voz y sintió una presencia a su lado. Se sobresaltó. Un hombre joven, apenas un muchacho, la flanqueaba. Le hablaba de los ojos más hermosos que había visto en su vida, los de ella. De las ganas locas que tenía de acompañarla. De lo triste que se sentiría ante una negativa. Durante la primera media cuadra ella procuró ignorarlo y aceleró el paso. Después se preguntó por qué hacía aquello, con qué motivo huía. Entonces lo miró. Él tenía ojos claros, una barba incipiente y desprolija y ropas cuidadosamente desalineadas. Brochazos de hombría y ráfagas de adolescencia, todo junto. La mirada era atrevida o tímida, según como se viera. "¿Qué edad tendría?", se preguntó Alicia. ¿Estaba más cerca de los veinte que de los treinta? ¿Quién era? ¿Cómo era?

Se llamaba Marcelo, tenía veintitrés años, pintaba y, además, era socio en un almacén de alimentos dietéticos. Lo tenía con un amigo; la parte de Marcelo en la sociedad estaba representada por el trabajo, y su amigo ponía el dinero. Todo esto se lo contó a Alicia durante la hora siguiente, mientras tomaban un café (ella) y una ginebra (él) en un viejo bar de la primera esquina a la que arribaron.

Alicia tenía la sensación de haber ingresado en un mundo tan extraño como el que recibiera a su homónima, la criatura de Lewis Carroll. Era cierto que el tema central de su terapia en aquel momento lo constituían los permisos que siempre se había negado y el espacio que negaba a sus deseos. Pero este rasgo de audacia parecía fuera de todo control. Y lo peor era que, lejos de asustarla, le producía una ebullición interior sospechosamente parecida al entusiasmo.

Contra todo lo imaginable, encontró que la conversación con aquel muchacho le resultaba interesante. Él tenía poco interés por preguntar acerca de ella, y Alicia lo agradeció en secreto. Si algo no quería era hablar de ella. Joven y (¿precisamente por eso?) narcisista, Marcelo habló de él, de sus gustos y disgustos. Hizo un despliegue compulsivo de seducción, que acabó por resultar conmovedor y entrañable. Alicia veía bocetados en ese ejercicio casi todos los rasgos que solía encontrar, ya encallecidos y sin gracia, en hombres maduros. Sólo que en Marcelo los bañaba la ingenuidad, y todas las costumbres estaban a la vista. Eso hizo que se sintiera confiada. No había nada amenazante en el horizonte. Estaba feliz con ella misma, con haberse permitido aquel *sí*. También él se veía exultante, como si tampoco creyera del todo en lo que le estaba ocurriendo. Después de todo aquella *era* una mujer madura. Y él la estaba seduciendo.

Aquél era el día de la semana en que el hijo de Alicia dormía en la casa del padre. Todo parecía diseñado por un guionista profesional. En el camino hacia la casa de ella, él sugirió comprar una pizza. Ella asintió con entusiasmo, olvidando, por una vez, que odiaba ese invento italiano. La comieron acompañada de una botella de vino muy fino y muy caro que Alicia guardaba como recuerdo del paso de algún hombre maduro, rico y circunstancial. Antes de terminar la primera copa, Marcelo ya la había besado y acariciado con cierta urgencia que ella todavía pudo controlar. Pero después del último bocado no supo cómo detenerlo. Hicieron el amor durante buena parte de la noche dentro de un ritmo que, preferentemente, marcaba Marcelo. Era enérgico, breve y recurrente. Parecía ante todo preocupado de sí y no se detenía demasiado en ningún punto ni sensación. En un principio ella procuró adecuarlo a otra modulación, pero finalmente optó por dejarse arrastrar. Durante el día siguiente le costó volver a tomar contacto con su cotidianidad. Por más de una razón, la anterior había resultado una noche inaugural. Era la primera vez en su vida que aceptaba un *ligue* callejero. Era la primera vez en su vida que entablaba relación con un hombre menor que ella. Un muchacho, un niño casi, de otra generación. Por lo visto, nunca resultaba tarde para empezar. Lo que no sabía aún era dónde se habían escondido sus sólidos prejuicios alrededor de ambos temas, elaborados con cuidado a lo largo de años.

Durante el mes que transcurrió desde entonces Marcelo se convirtió en Marcelito, alguien a quien Alicia no podía dejar de ver como una fuente de continuos descubrimientos. Especialmente descubrimientos referidos a ella. Se permitió libertades inesperadas: iba a bailar con él a lugares donde la edad promedio no pasaba de los veinticinco años, lo abrazaba en la calle, se vestía de otra manera, menos aseñorada, dormía a veces en el departamento de él (un ambiente despojado de todo, con excepción de un colchón en el piso, una mesa, dos sillas, un viejo sillón de tercera o cuarta mano y un equipo de sonido). Él no cambió demasiado respecto de la primera noche. Sus temas preferidos de conversación eran él mismo, las peleas con su madre, la buena relación con el padre. Solía traerle del almacén algún paquete de cereales o un frasco con miel como regalo. Y la pintó en una acuarela abstracta en la que a Alicia le costó descubrirse.

Todo resultaba de veras extraño para ella. Incluso, durante ese lapso, se alejó un tanto de sus amigos y amigas, en parte porque la relación la absorbía y, en parte, por temor a la censura. No sabía cómo llamar al sentimiento que operaba en ella, hasta que un día, sin rubores, decidió que el nombre era amor. Muy poco tiempo después supo que aquel amor no tenía mucho de qué alimentarse y, con cierta tristeza, percibió que comenzaba a morir afectado de las imposibilidades que lo marcaban. Ella y Marcelo no sólo pertenecían a dos generaciones separadas por trozos de historia y de experiencia muy diferentes;

también eran habitantes de mundos disímiles y dueños de proyectos inconciliables. Cuando llegó el fin, Alicia se sintió, pese a todo, como si hubiera crecido en algunos aspectos. Se había ensanchado el espectro de sus vivencias.

El viejo cosquilleo

Néstor y Marta presentados por una pareja de amigos; Alicia seducida en la calle. Si no mencionara sus edades, nadie se atrevería —a través de estos simples datos— a encasillarlos en una franja cronológica determinada. Al contrario de Alicia, Carlos N. protagonizó su primer levante callejero a los cuarenta y un años, durante un sábado de verano, mientras mataba la noche paseando en auto con su amigo Joaquín, de treinta y seis, ambos visitadores médicos. Tomaron el rumbo de La Recoleta sin una razón específica y avanzaban por allí a paso de hombre, cuando Carlos la vio: era una morena delgada y atractiva, de cabellera rizada y salvaje, que usaba un vestido blanco, ligero y escotado. Iba con una rubia agradable, de estilo más opulento. Caminaban por la vereda de la calle Guido, en dirección opuesta a la del auto. Carlos se había separado de su segunda esposa tres meses antes y no había regresado aún a los vaivenes afectivos. Como suele ocurrir, la conmoción aconteció cuando menos la esperaba. "Acabo de enamorarme", exclamó en cuanto vio a la mujer morena.

Joaquín aminoró la marcha mientras procuraba entender de qué hablaba su amigo. Apenas tuvo tiempo. Éste abrió la puerta, se lanzó fuera del coche y corrió hacia las dos mujeres. A partir de entonces todo lo que Joaquín pudo hacer fue buscar un espacio para estacionar (lo encontró casi a dos cuadras de allí) y retornar por la misma senda, como un explorador indio, en el intento de recuperar a Carlos. Lo encontró, por fin, en una esquina, absorbido por una animada charla con las jóvenes. Por supuesto, la morena era quien más atención recibía de Carlos. Una vez hechas las presentaciones se fueron todos a tomar algo. Dos horas más tarde Carlos partía en un taxi con Mónica, la morena, mientras Joaquín y Ana María prolongaban la noche por su cuenta.

Lo que siguió fue un romance de verano. Fogoso y breve, aunque no por eso Carlos dejó de sumarlo en el haber de su vida. Si no duró más que hasta marzo fue porque no había entre él y Mónica coincidencias de largo plazo. Sin embargo, él supo que aquello que los unió durante el lapso que compartieron bastaba para haberle procurado una experiencia que reabrió los poros de su afectividad. Lo que había sentido era, en suma, el viejo cosquilleo del romance, ese desfile incesante de hormigas en una zona que abarca desde el corazón hasta el estómago. Y eso era lo que importaba.

El imán misterioso

El viejo cosquilleo acompaña indefectiblemente todo el proceso de seducción, ese antiguo rito que se inicia cuando un hombre y una mujer se ponen en contacto. ¿Cualquier hombre y cualquier mujer? No, por supuesto.

En el libro *Hablando de amor*, Marina Colasanti dice que la atracción —en verdad, momento inicial de la seducción— tiene tres principios. El *primero* se verifica cuando un hombre o una mujer se ajustan al tipo que el otro (o la otra) tienen prestablecido en sus gustos. Si soy del tipo que ella prefiere, tendré rápidas ventajas sobre los demás en cuanto ella me vea. El *segundo* principio se relaciona con la diversidad. Es seguramente menos explicable, pero ocurre: de pronto me atrae con una intensidad poderosa una mujer que no tiene nada que ver conmigo, con mi pasado, con mis ámbitos, con mi visión del mundo, con mis hábitos y mis códigos. El *tercer* principio es exactamente opuesto al anterior: habla de la atracción de los iguales, las dos gotas de agua, las dos medias naranjas que completan la esfera perfecta, las imágenes que se reflejan en el espejo del otro o de la otra. A partir de cualquiera de estos tres elementos, cuando un hombre y una mujer se ven, se encuentran, se rozan, se topan, se presentan, se vislumbran, se espían, se intuyen o se cruzan, el viejo rito de la seducción habrá de iniciarse.

¿Pero hay alguna forma de fotografiar esa chispa, de capturar su esencia, de poder definirla? En la *Teoría de los sentimientos*, el filósofo español Carlos Gurméndez logra una aproximación bastante lúcida. "Cuando encontramos una criatura que nos atrae —dice— dejamos de vivirnos y la afirmamos totalmente; es la seducción. Estar seducido quiere decir estar invadido, poseído por un ser ajeno que está ahí, pero a una enorme distancia estelar, porque a la

afirmación gozosa del deslumbramiento sigue una negación, que es la lejanía."
Sigue luego el amor, y el amor —de acuerdo con Gurméndez— "nos hace olvidar quiénes somos, y renunciamos voluntariamente a nosotros mismos queriendo transportarnos al otro".

El de la seducción es un momento fascinante y, en definitiva, no siempre descriptible. "Es un motor de arranque —dice Colasanti— que nos enciende y nos impulsa en la dirección de la otra persona. Si es ésa la persona que nos sirve o no, será establecido a posteriori, a través del proceso de elección."

¿Dónde funciona ese motor, de qué requisitos previos necesita para ponerse en movimiento? Como suele ocurrir con el amor (en verdad, como suele ocurrir *con la vida*) no existen reglas fijas para determinar su funcionamiento. Eso es lo que lo hace maravilloso: puede ponerse en marcha en cualquier momento y en cualquier lugar. Quizá su único requisito sea que existan un hombre y una mujer. A los cuarenta años —por suerte— no hemos aprendido nada acerca de esto. Quizá, sí, sabemos algunas cosas, podemos reconocer ciertas señales, registrar la memoria (mejor el dejà vu) de alguna circunstancia similar. Pero eso no significa haber aprendido o desarrollado una técnica en particular. Cuando alguien reduce la seducción a técnicas, acaba por convertirse, generalmente, en un personaje patético. Cada encuentro (leve o profundo) entre dos personas es único e irrepetible como lo son esas mismas personas. ¿Qué técnica podría, entonces, capturar y disecar ese momento? ¿Qué técnica, además, podía funcionar ante lo imprevisible, ante algo que nunca se sabe cuándo —y ni siquiera por qué— va a ocurrir?

Porque la atracción y su momento inmediato, la seducción, no se planean ni se controlan, porque no se prevén ni se anticipan es que pueden sobrevenir en cualquier momento y en cualquier lugar. Aquí, ahora. A lo sumo —otro apunte sagaz de Colasanti— puede decirse que "atraemos cuando estamos preparados para recibir". Es decir, en todo proceso de atracción y seducción, hay un estado de disponibilidad, de apertura, que aparece como umbral ineludible. Todo empieza por un estado interior que nos hace estar presentes en un momento y en un lugar determinados. Cuando estoy, es seguro que me ven. Pero estar no es sólo —simple y pobremente— poner el cuerpo, ocupar un lugar en el espacio. Hablo de estar desde adentro, con lo de adentro. Es eso lo que hace más atractivo mi exterior, lo primero que se ve de mí. Y ese estar —estoy seguro— ni siquiera pasa por la voluntad. Es un ejercicio inconsciente de libertad interior. Es la posibilidad de dejarme fluir.

¿En qué momento tengo más posibilidades de que eso ocurra? ¿Cuando aún me atan cadenas interiores, como en la adolescencia o en la primera juventud? ¿O cuando he aprendido a conocerme mejor, a aceptarme, a desarrollar una convivencia confortable con mis posibilidades y limitaciones, con mis certezas e interrogantes? ¿Mi presencia no es más presente en el mediodía de mi vida? Porque es así, creo que en los cuarenta las "técnicas" de seducción, de atracción, de encuentro no ofrecen demasiados misterios. De ahí que, en definitiva, sean dudosamente exitosos los espacios especiales creados para hombres y mujeres de esta edad. Los lugares para "solos" y "solas", los solapados —y no tanto— intentos de ofrecer desde allí panaceas amorosas o sexuales, parecen sugerir que la posibilidad de un encuentro está, literalmente, a la vuelta de la esquina. Estrechan, más que ensanchan, el mundo de quienes hemos llegado al estuario de nuestras vidas. Limitan nuestro mundo, nos colocan en una suerte de ghetto o reservación de caza. Por supuesto, a esta edad los encuentros no se producen en una discoteca juvenil a las siete de la tarde de un domingo, ni durante un cumpleaños de quince. Pero fuera de esas reservaciones que no nos pertenecen, y a las que no pertenecemos, cualquier lugar, cualquier actividad, cualquier razón pueden detonar el encuentro inicial.

El encuentro. "La figura remite al tiempo feliz que siguió inmediatamente al primer rapto, antes de que nacieran las primeras dificultades de la relación amorosa", define Roland Barthes en *Fragmentos de un discurso amoroso*. Al encuentro, dice allí, continúa la captura: "(soy raptado por una imagen); viene entonces una serie de encuentros (citas, conversaciones telefónicas, cartas, pequeños viajes), en el curso de los cuales *exploro* con embriaguez la perfección del ser amado, es decir, la adecuación inesperada de un objeto a mi deseo: es la dulzura del comienzo, el tiempo propio del idilio".

Eso, el idilio, todo un tema.

Espacio de reflexión
Sea autor de su autobiografía amorosa

Elija un momento de tranquilidad y un lugar cómodo para usted. Escoja un cuaderno, block u hojas que le resulten agradables y un lápiz o lapicero por los que sienta afecto. Si comúnmente no usa uno en particular, selecciónelo especialmente para esta ocasión. Elija una música suave que lo reconforte espiritualmente. Póngase cómodo (o cómoda), preste atención a su respiración (aspire profunda y espire lentamente) y relájese. Preste atención a sus sensaciones físicas y emocionales.

Permanezca así unos minutos, dejando vagar su pensamiento sin forzarlo ni focalizarlo en ninguna idea o imagen en particular. Si llegan, no luche por expulsarlas, se irán solas. Después, sin apuro, en su ritmo, trate de viajar hacia atrás en su propia historia hasta encontrarse con el recuerdo de su primer amor.

- ¿Qué ve?
- ¿Qué recuerda?
- ¿Cómo era usted entonces?
- ¿Quién era y cómo era la otra persona?
- ¿Cuáles son las imágenes, cuáles las sensaciones?
- ¿Hay sonidos, hay palabras, hay gestos, hay colores?
- ¿Cómo transcurrió ese amor? ¿En qué lugares? ¿A través de qué episodios?
- ¿Cómo terminó? ¿Qué sentimientos dejó en usted?
- ¿Quedaron recuerdos materiales, los conservó?
- Si pudiera, ¿qué repetiría de aquella historia?

Una vez que haya recorrido ese primer amor, inicie un viaje desde allí hasta el presente de su vida. Deténgase en los episodios amorosos que hayan tenido una importancia especial y repita en cada caso la misma aproximación que con la primera experiencia. No se apresure, tome su tiempo, permítase recuperar las imágenes, las sensaciones, los sentimientos.

Cuando haya llegado hasta la última y más reciente (o presente) relación amorosa preste atención a sus emociones de este momento: ¿qué sentimiento lo embarga, qué sensaciones corporales? ¿Puede definir ese estado en una sola palabra? Si es así, una vez que la elija escríbala encabezando el papel que tiene ante sí.

A continuación —y dejando esa palabra como si fuera un título—, escriba su autobiografía amorosa. Hágalo como quiera, como lo necesite o como lleguen hasta usted las palabras. Puede ser un texto único, breves capítulos, frases aisladas y sintetizadoras, un poema, etcétera.

Una vez que lo haya hecho vuelva a respirar con profundidad, relájese brevemente, dé un pequeño paseo por la habitación o por las afueras si es posible y regrese al texto.

Al leerlo preste atención a los siguientes puntos:

- ¿Hay elementos que se repiten en todas las historias? ¿Cuáles? ¿Podría considerarlos como rituales amorosos?
- ¿Cómo evolucionaron esos rituales?
- ¿Cómo y con quién los inauguró o los aprendió?
- ¿Qué cosas propias y qué cosas de las otras personas se reiteran a lo largo de todos los episodios?
- ¿Esos ritos contribuyeron a enriquecer los vínculos? ¿De qué manera?
- ¿Qué cosas —enseñanzas, descubrimientos, sentimientos— le dejó cada una de sus historias? ¿Cuáles coinciden y cuáles son específicas?
- A partir de esta autobiografía, ¿cómo se describiría como amante?

Si en este momento usted está en pareja, una variante consiste en repetir la experiencia, pero aplicándola a la propia historia de la pareja: hacer el recorrido hasta el principio (el primer encuentro entre ambos) y desde allí llegar hasta el presente a través de los episodios más significativos de la relación. Luego cada uno escribe la historia de la pareja y ambos textos se cotejan. Puede significar un rico momento de conocimiento mutuo.

4 Los protagonistas

Idilio, rituales, romance, amor. El amor. Ésa es la cuestión. El amor a los cuarenta, no en cualquier momento de la vida. ¿Por qué el corte transversal, quiénes son, después de todo los que aman a los cuarenta? ¿*Por qué a los cuarenta* y no a cualquier edad, y por qué no siempre?

Una respuesta provisoria: porque acaso el amor siempre es lo mismo, pero sus protagonistas no. Y esto es una suerte. Si fuéramos siempre los mismos, rígidos, inconmovibles, inmodificables, no modificados, nuestra experiencia amorosa sería, posiblemente, breve y fugaz, única y pobre. ¿Desde dónde tendríamos nuevas aproximaciones a ese fenómeno incesante? Si cada experiencia amorosa no contribuyera a nuestro crecimiento, nos convertiríamos en cenizas, como una hoja de papel, tras el primer contacto con la llama. Pero ocurre, en verdad, que sólo el amor continúa siendo siempre el mismo —insondable, rico, misterioso, deslumbrante, vital, conmovedor, milagroso—; nosotros amamos de una manera distinta cada vez, aunque repitamos ciertos rituales y ciertas señales. Sin embargo, amamos desde una nueva (irrepetible) etapa de la vida y de *nuestra* vida. Amamos con lo nuevo y con lo viejo, con lo ya sabido y con lo recién descubierto, con los vicios y con las virtudes. A los veinte amamos desde la fantasía, el deseo, la desmesura, la inocencia, la omnipotencia y el absoluto. Si amáramos del mismo modo a los cuarenta, eso significaría que el amor no nos enseñó, no nos modificó, no nos atravesó. Un amor que se repite igual a los cuarenta que a los veinte no es amor, es obsesión.

El amor a los 40

A los cuarenta amamos con la suma de nuestros amores, amamos desde el centro de nuestra existencia, desde el corazón de nuestros proyectos y nuestras realidades. Bien o mal, los que amamos somos, ya, nosotros, no los que quisiéramos ser ni los que nos mandan ser.

A los cuarenta no somos ya amantes vírgenes.

Cuando conoció a Rafael, Adriana tenía treinta y ocho años y era apenas unos meses mayor que él. Madre de una hija de diez años, llevaba siete separada de Luis. Había conocido a su exmarido en la facultad, en Córdoba, cuando ambos eran estudiantes de arquitectura. Vivieron un noviazgo de más de un lustro antes de casarse. Él terminó su carrera, ella la cambió, por la de letras. Hasta el nacimiento de la hija parecía que nada iba a separarlos a lo largo de toda la vida. Pero, curiosamente, fue la irrupción de Mireya (la niña) lo que pareció ponerlos en carriles diferentes, no del todo opuestos, pero sí indudablemente propios. Como si la hija completara el motivo de su unión, desde ahí se inició un proceso gradual e irreversible de separación. Cerrarlo les llevó tres años.

En el tiempo que siguió, Adriana se mudó a Buenos Aires con su hija, comenzó a trabajar por cuenta propia, dio inicio a otra vida con la cual antes no se habría atrevido a soñar. De una muchacha protegida por sus padres y refugiada en un matrimonio signado más por la fraternidad que por la pasión, pasó a ser una mujer que peleaba por su subsistencia y por su identidad. Tuvo numerosas relaciones con hombres. En un principio eludía consciente y cuidadosamente el compromiso: no podía diversificar esfuerzos y atención en eso. Estaba en esa fase de su vida cuando apareció Rafael.

Él venía de dos matrimonios que le habían dejado a cuenta una enorme cuota de escepticismo que, a menudo, llegaba a expresarse lisa y llanamente como cinismo. En el haber de esas experiencias figuraban cuatro hijos, dos de cada matrimonio. Pero acaso porque las vivencias que perduraron no fueran precisamente felices, la relación que mantenía con cada uno de esos hijos —quienes abarcaban un amplio abanico de edades— no era fluida y fácil. Rafael era un buen poeta, pero sólo en la intimidad y entre un cerrado círculo de amigos. Para el resto de la gente aparecía como un circunspecto director de cine publicitario. Así lo vio Adriana la primera vez, cuando se conocieron en la inauguración de una muestra de pintura de un artista, que había sido fugaz amante de ella y era conocido de él. Le pareció un tipo hosco, atractivo, sí, pero con el cual no veía la posibilidad de mantener una conversación relativamente sólida. Después de todo era mejor, se dijo, puesto que en los planes de ella no figuraba la posibilidad de tener nada permanente con ningún hombre. El tipo era un misterio que ella no se proponía descifrar más allá de la cama, si es que se daba esa posibilidad.

Para él, Adriana era una mujer interesante, con destellos de sensualidad —su pelo, sus labios, su mirada— que le producían un inocultable estímulo. Pero, por otra parte, temió que la interminable catarata de palabras que salía de aquellos labios pudiera sepultarlo y ahogarlo, sobre todo a él que era amante y cultor de los silencios.

Con ese panorama, cualquiera habría apostado que todo el contacto posible entre aquellos dos se limitaría a un encuentro (posiblemente ríspido) o, a lo sumo, a una noche compartida, esto en el caso de que se sintieran especialmente solitarios por aquellos días. Lo cierto es que quien apostó, perdió. Cuando escribo esto, hace once años que Adriana y Rafael están juntos, tienen una casa propia, los hijos de ambos han crecido —son ahora adolescentes y jóvenes—, y la pareja parece contar con oxígeno para varios años más. Ni ella ni él son hoy, en lo esencial, diferentes de cuando se encontraron aquella primera vez: Adriana continúa caracterizándose por el arrebato y la verborrea, Rafael por el silencio y el escepticismo. Sin embargo, se huele en ellos una sabiduría profunda —y sospecho que intransferible— en el tema del amor. Ambos han encontrado un puerto en el cual anclar.

Lo mismo ocurre con Pablo —sociólogo, cuarenta y cinco años— y María —diseñadora, cuarenta y uno—; se conocieron cuando promediaban la veintena. Ella procuraba recuperarse de un matrimonio tan precoz como fugaz. Era una divorciada muy joven con una hija de meses, todo un paradigma en aquella agonía de los años sesenta, la década con la cual murió la inocencia. Él no se había casado, pero sí contaba con un par de convivencias —con una actriz y con una escritora—, tan agitadas y controvertidas como correspondía a aquellos años. Hoy parece tomado de una película, pero se vieron por primera vez en una manifestación política y durmieron juntos esa misma noche, después de haber esquivado bastonazos y gases lacrimógenos.

El amor a los 40

Al día siguiente, él advirtió que en el hogar de esa mujer hacía falta —como suele decirse— la mano de un hombre y se dedicó a la tarea de arreglar algunos enchufes, cambiar el empaque de una llave de agua y pintar una mesa. Su propio departamento de un ambiente en el Barrio Norte pasó a estar progresivamente solitario y, a los tres meses, él y María vivían juntos en la casa de ella.

Pasaron cuatro años antes de que tuvieran su propio hijo, esta vez un varón, y más tarde las circunstancias los llevaron a vivir en España durante casi ocho años. Fue allí donde pareció cumplirse el ciclo de su relación. No hubo la intervención de terceros ni nada de eso. Simplemente, cuentan, los escenarios, las modalidades, la cotidianidad y los proyectos que los unían cambiaron de tal manera en el fondo y en la forma que dejaron de ser y de reconocerse el uno al otro como quienes habían sido cuando iniciaron su aventura. La indiferencia se instaló entre los dos como un muro y de manera natural, casi obvia, terminaron por separarse. Los niños, que vivían con ellos, no asistieron a ninguna escena de violencia ni física ni verbal, pero sí a un crepúsculo de tristeza.

Tanto Pablo como María sintieron, a pesar de todo, que había ocurrido algo necesario. Tres meses después de la ruptura, él regresó a Buenos Aires y, de alguna manera, cerró dos ciclos: por entonces se cumplían doce años desde que había conocido a María. De nuevo en su ciudad, y solo, presintió que se encontraba exactamente en el punto de un nuevo comienzo. Todo era como entonces, aunque con algunos años, algunas vivencias y bastante madurez adquiridas en la travesía. Salió, pues, a buscar y a buscarse. No le faltaron oportunidades.

María volvió seis meses después y entonces, sí, todo estaba como había sido en la prehistoria de esa relación. Ambos en Buenos Aires, cada uno en su propio derrotero. Sólo que esta vez los ligaban un pasado y un hijo. Instalados cada uno en una nueva casa se pusieron a construir sus vidas. Han transcurrido cinco años desde entonces y hoy son nuevamente pareja. No de otros, sino de ellos mismos. Con una diferencia: se han casado, son marido y mujer. A los veintitantos se toparon y, ya que estaban, caminaron juntos. A los cuarenta, en cambio, *se eligieron*. Más que un rencuentro les ocurrió eso:

una elección. La ejercieron casi dos años después de la separación y en pleno ejercicio de su libertad y, sobre todo, de su responsabilidad.

Roberto y Clara son los protagonistas de una tercera historia que comenzó, seguramente sin que ellos lo supieran, en el momento en que ambos se anotaron en un taller literario. Él era contador y mantenía su inclinación hacia la literatura como un sueño y una necesidad. Tenía treinta y nueve años y una carrera profesional exitosa que, sin embargo, no alcanzaba a conformarlo. Aunque no expresaba quejas notorias acerca de ello y muy pocos de quienes lo rodeaban estaban al tanto, Roberto se sentía un hombre frustrado. Escribía cuentos desde la adolescencia y había intentado un par de veces anclar en la novela sin pasar más allá de una veintena de páginas antes de desmoronarse. Cada tanto —en lapsos cada vez más espaciados— algunos de esos cuentos participaban bajo riguroso seudónimo en algún concurso. Lo más que había obtenido era una mención en el certamen organizado por una biblioteca popular de provincia. Por lo demás no tenía el valor de mostrarlos en otras circunstancias ni a otras personas. A esa frustración se sumaba otra: después de nueve años de casados, él y Katia (una médico de su misma edad) no habían logrado tener un hijo. Según el especialista al que consultaban, variaba el origen de la imposibilidad, hasta que finalmente pudo saberse que se trataba de una insuficiencia de Katia. Personas adultas, cultas y psicoanalizadas, procuraron inmunizarse contra los remordimientos, los reproches, las cuentas pendientes. En la superficie todo funcionaba. Roberto se anotó en el taller literario que organizaba uno de los cuentistas más renombrados del país y de ese modo intentaría, se dijo, paliar al menos una de sus esterilidades, la que residía en él.

Clara tenía treinta y cuatro años, vivía acompañada de un gato siamés gordo como un almohadón (castración mediante), celoso como un niño e inteligente como... un gato siamés. Hacían buena pareja. Ella había probado con algunos ejemplares masculinos de su propia especie, la humana, pero sin éxito. No solían respetar su necesidad de independencia, tenían urgencias que ella no compartía, probablemente no había sabido elegirlos. Clara cantaba en un coro y tenía, como medio de subsistencia, alumnos de canto. No le iba mal. Su vida estaba organizada y a salvo de tormentas y descarrilamientos afectivos. Sentía, sí, otras necesidades en el orden de la creatividad y percibía que podían saciarse en el campo de la literatura. Las muchas historias que se le ocurrían podían adquirir forma y expresión si ella lograba dominar una técnica para contarlas. Eso casi completaría los casilleros de su existencia. Por lo demás, se sentía orgullosa de sí. Si se comparaba con algunas de sus amigas de toda la vida y con muchas de las mujeres que veía por aquí y por allá podía decir de ella lo que pocas: sí, era una mujer independiente. Sus romances no duraban ni mucho ni poco, sino lo que tenían que durar. Algunos, la hacían vibrar, perduraban en su memoria y en sus sentidos. Otros, eran leves y fugaces. Procuraba no controlar a nadie ni ser devorada por otro. Acaso por eso era con su gato con quien mejor se llevaba.

Ni ella ni Roberto habrían de triunfar en la literatura. Escribían algunas cosas interesantes —sobre todo él— pero era evidente que algunos de los integrantes del grupo del taller lo hacían mucho mejor, de manera que cuando Clara o Roberto se interesaban y comentaban especialmente sus propios trabajos, quedaba flotando en el aire la sensación de que no lo hacían por los valores literarios de esos textos. Clara empezó a esperar con cierta impaciencia las noches de los martes y, en parte, eso la fastidiaba, porque había logrado que, entre sus actividades, ninguna dependiera de las otras. Mientras tanto, el matrimonio de Roberto se deterioraba. Los días que conducían hacia el martes de cada semana mejoraban su humor; pero a partir de entonces encontraba nuevos y cada vez más ligeros motivos de fricción con Katia. No soportaba que las noches de taller fueran tan fugaces. Katia, que a su vez estaba en equilibrio precario, comenzó a sentir celos y a manifestarlos. Pensaba que Roberto ya no la quería, apostaba a que había otra mujer en la vida de él.

Por supuesto, eso no era cierto en sentido estricto. Pero Clara ya había entrado en los pensamientos y en los impulsos de Roberto. Le gustaba, pensaba en ella, la sentía distinta de lo conocido por él. Clara a su vez, y al principio sin saberlo o sin tomar conciencia del porqué, evitaba toda invitación, galanteo o juego seductor de cualquiera que se le acercara. Era como si estuviera a la espera de algo y como si esa espera le impidiera distraerse. Pasaron tres semanas entre estos primeros síntomas y la noche en que él se ofreció, por fin, a acercarla con el auto hasta su casa. No pudo ser, porque ella, justamente esa noche, había ido al taller en su bicicleta. Ninguno de los dos lo dijo pero, de todas maneras, quedaron comprometidos para el martes siguiente. Entonces, sí, él la llevó en el auto. Antes de llegar se detuvieron en una pizzería porque estaban famélicos, como siempre, después de la gimnasia literaria. Comieron sus porciones de pizza en veinte minutos y hablaron hasta las dos de la mañana.

Cinco semanas más tarde Roberto se mudaba a un departamento de una pieza que su hermana tenía sin ocupar. La separación de Katia fue tormentosa, un súbito temporal de reproches y rencores acumulados bajo superficies sospechosamente tersas. Fue lo suficientemente turbulento como para que Roberto no pudiera hacer lo que sus impulsos le dictaban: refugiarse con cuerpo y alma en Clara. La relación con ella fue clandestina, debió ser cautelosa y se mantuvo durante muchos meses en esa línea austera. Quizá resultó lo mejor, aunque en el momento no lo supiera. Esa mesura forzosa que debieron mantener impidió que se adhirieran el uno al otro al punto de considerarse simples tablas de salvavidas (sobre todo ella para él) sin advertir quiénes eran de verdad. Las circunstancias les impusieron un ritmo que les permitió conocerse con pausa, saber qué podían hacer en verdad por el otro: esperarse.

El juicio de divorcio de Roberto tardó alrededor de un año y estuvo matizado por una sucesión de escenas desagradables, peleas, trampas jurídicas y otras degradaciones de lo que había sido una relación basada alguna vez en el amor. En el ínterin, él sintió muchas veces que aquello, como un agujero negro, lo devoraba, que lo sacaba de su relación con Clara. Entonces la culpa hacia ella, más el odio y el temor a Katia, producían como resultado abatimiento, tristeza, lejanía. A su vez Clara perdía, por momentos, su paciencia y sus ilusiones, se preguntaba por qué ella, que se ufanaba de su libertad, estaba de algún modo atrapada y a merced de quien no era libre por completo. Se decía que quizá había entrado en un círculo vicioso, y cierta asfixia la impulsaba a intentar salir. También ella, en esos casos, se alejaba. Sin embargo, un hilo sutil y subterráneo los iba uniendo con creciente firmeza. Tres meses antes de que se dictara la sentencia en el juicio, Roberto y Clara ya vivían juntos. Ahora que ya ha pasado el tiempo lo siguen haciendo. Su casa está en Río de Janeiro, donde él fue contratado por una compañía internacional, y donde ella está desarrollando una satisfactoria carrera como solista. No aspira a ser estrella sino a actuar para pequeños auditorios selectos. Y tienen un hijo, un varón de dos años. El gato siamés vive con ellos.

He elegido —con bastante cuidado y trabajo— historias de final feliz. Historias distintas y también iguales. Historias en alguna medida paradigmáticas, porque encierran buena parte de la respuesta a la interrogante: ¿quiénes son los protagonistas del amor a los cuarenta? Son siempre hombres y mujeres con historia, que fundan desde ahí nuevas historias. Difícilmente alguien debuta, a esta altura de la vida, en el territorio del amor, salvo que haya sido conservado en un congelador desde su nacimiento. En su generalidad, las mujeres y hombres de cuarenta y alrededores ya han tenido parejas, matrimonios, aprendizajes, desengaños, periodos felices, momentos de incertidumbre, certezas afectivas, esperanzas. Han protagonizado transiciones diversas. Han ido y venido de la felicidad en sucesivos viajes por una calle de doble mano. Son separados y separadas, divorciados y divorciadas, son reincidentes, o han permanecido durante etapas diferentes de sus vidas en un misma pareja, que fundaron una y otra vez. Son, en algunos casos, personas que se atreven a abandonar sus fortalezas. Son heroínas y héroes de una única y siempre distinta historia de amor. En otros se trata de impenitentes sin remedio. Algunos de ellos sienten que no han encontrado aún ese objetivo mítico que se conoce como *el amor de mi vida*; otros, en cambio, perciben que lo que existe es *el amor* y que cada nuevo encuentro con alguien es una nueva manifestación de esa corriente inapresable y omnipresente.

Los cuarenta son una estación crucial en el camino de la vida. Como esas estaciones del tren subterráneo en las cuales es posible efectuar múltiples combinaciones y a las cuales se arriba desde varios destinos posibles, se puede llegar desde el fracaso o desde la plenitud, con frustraciones o con proyectos, con miedo o con esperanza. Hay mujeres y hombres que llegan con pánico a nuevas equivocaciones en el plano de las elecciones amorosas. De ellos dicen los investigadores y Bernice Hunt (*La experiencia del divorcio, La conducta sexual en la década del setenta*): "Desconfían de sus propios sentimientos a tal punto que los compañeros que más los atraen los irritan y, a menudo, los hacen sentir hostiles. Así, pues, durante algún tiempo tratan de establecer límites a sus sentimientos, de evitar todo compromiso emocional y de mantener el amor bajo control. Y lo que es más importante aún, evitan el término *amor*".

Algunos, por su parte, sienten que están en el mejor momento de sus vidas para amar, que han madurado emocionalmente, que han comprendido todo lo que el amor *no* es (posesión, compromiso forzado, pertenencia, papeles inmóviles, repetición de viejas consignas, obediencia). Están bien con ellos, en su interioridad, y por lo tanto se encuentran en la etapa en que pueden trasladar esa armonía al exterior, encontrar un otro con el cual estar bien sin perder la propia individualidad.

"El amor se convierte en sinónimo de conocer y hay que conocer quién es alguien para poder amarlo", subraya Leticia Paulozzi, una escritora italiana, autora de *El amor, los amores*. Y dice una gran verdad. A los cuarenta años, en el territorio de la madurez, es probable que uno se conozca bastante más a sí mismo, que es a quien primero hay que conocer y, es obvio, amar. Y a partir de allí seguramente crecen las posibilidades de conocer a un otro. Importa poco, a mi juicio, si ese otro es nuevo, alguien que ingresa en ese momento en el espectro de nuestra vida, o si se trata de quien nos acompaña desde mucho antes en una relación amorosa. "Pese a lo que diga la sabiduría popular, sólo los que pasan los cuarenta saben realmente quiénes son, lo que quieren y cómo conseguirlo", apunta Nancy Mayer en *Los mejores años del varón*. Desde esa perspectiva, amar a los cuarenta es entregar (y entregarse) al conocimiento de uno mismo, forjado en toda la vida previa, en toda una gama de vivencias de la cual el propio amor fue, sin duda, factor principal.

Espacio de reflexión
¿Cuál es su modo de amar?

Antes de responder a las siguientes preguntas tómese su tiempo. Quizá le resulte útil releer su Autobiografía amorosa (véase el anterior Espacio de reflexión). Recuerde que estos ejercicios sólo tienen como objetivo la posibilidad de mirar en el interior de sí. Esa mirada requiere sinceridad. Las repuestas no tienen otro destinatario que usted, de modo que la falta de franqueza no engañará a nadie más.

1. ¿Qué cosas lo seducen habitualmente de la otra persona? Enumérelas.
2. ¿Se siente seducido/a por esos atributos cuando los ve expresados en la otra persona, o anda a la búsqueda de ellos?
3. ¿Cuál de estas características definen a sus relaciones amorosas: a) la igualdad; b) la diversidad; c) la correspondencia? Si no son siempre las mismas, ¿con cuáles se siente o se ha sentido mejor?
4. ¿Puede detectar qué cosas de usted son las que seducen o enamoran a las personas con las que se vincula o se ha vinculado afectivamente? ¿Trata usted de mostrar esas cualidades o surgen naturalmente? ¿Las reconoce como propias o le sorprende cuando se las atribuyen?
5. Cuando se producen cambios en su relación de pareja, considera que:

- La otra persona ya no es la misma.
- Hay transformaciones en usted.
- Con la profundización del conocimiento mutuo se expresan más las diferencias y las coincidencias.
- Es el final de la relación.
- Es una buena oportunidad para recontratar el vínculo.

6. Las cualidades que habitualmente lo atraen de la otra persona: a) están también en usted; b) no las registra en sí y son deseadas por usted; c) llenan necesidades suyas?
7. ¿Las cosas en las que usted y su pareja son distintos dificultan el vínculo, lo enriquecen, afectan a su ética personal, amplían su visión de las relaciones?
8. ¿Ha intentado cambios en usted para satisfacer a la otra persona? ¿Con qué resultados personales y para el vínculo? ¿Se siente culpable si no logra esos cambios? ¿Se siente egoísta si no los intenta? ¿Siente que la otra persona es egoísta si los pide o exige?
9. ¿Le ha pedido a otra persona que cambie por usted? ¿Qué respuestas obtuvo y con qué consecuencias para usted y para el vínculo?

10. En sus vínculos amorosos, ¿cuánto tuvo que ver lo imponderable y cuánto su decisión de encontrar a alguien de determinadas características? En general: a) usted apuesta a que se produzca un encuentro; b) usted elige; c) usted es elegido.

Éste no es un test. Sus respuestas no suman puntos. Pero, si ha reflexionado con serenidad y con sinceridad, podrá darse cuenta de algunas características y modalidades propias en la vivencia de las relaciones amorosas. Podrá darse cuenta de si se vincula con un otro real (distinto de usted) o si busca parejas hechas a la imagen y semejanza de sus necesidades. Quizá advierta qué elementos convierten a su historia amorosa en un camino de exploración de sus posibilidades afectivas, en una consecuencia armónica de su desarrollo personal, o en un círculo cerrado, repetitivo y desalentador. En cualquiera de los casos la transparencia de sus respuestas es una contribución a la construcción de vínculos amorosos en los cuales se acentúen la mirada respetuosa sobre el otro y el reconocimiento de su condición de otro, único, distinto, irrepetible.

5 La cuestión de siempre

Él sugirió que la alfombra era, quizá, algo dura y que podrían buscar, mejor, la comodidad de la cama en otro cuarto. De inmediato se sintió torpe y tuvo la certeza de haber dicho una tontería.

Unos minutos más tarde ella le pedía que dejara la luz encendida. Y apenas pronunció la última palabra, estuvo segura de que él se sentía molesto con ese pedido.

Se despojaron de las ropas sin poder alejar una sensación de inexperiencia. Se las quitaban como si fueran trozos de piel vieja que ellos se intercambiaban con cierto pudor adolescente. Él se sentía inclinado a la ternura. Pero en lugar de dejarla fluir con libertad, se preguntaba si ella no estaría esperando en realidad otra cosa, algún signo de eso que se conoce como rudeza masculina. "¿Y si no soy exactamente su tipo, y si le gustan los hombres un poco más delgados?" No, no estaría allí con él, se respondió.

Ella, por su parte, se sentía vulnerable en su creciente desnudez. ¿Sería como él la había imaginado? ¿Quiénes son, quiénes fueron, cómo actúan las mujeres que están con él? Sintió temor de su propio cuerpo, le hubiera gustado ser otra. ¿Pero cuál? ¿Pero cómo?

Él quería ser para ella un hombre distinto de los otros, aunque no los conocía. Se dijo que para lograrlo debía, ante todo, ser como era él. Sin traicionarse, sin actuar. ¿Pero cómo no actuar, si uno actúa todo el día precisamente porque desconfía de ser como es? Temía aburrirla, alejarla, decepcionarla con sus costados de niño, con su veta ingenua, con sus tribulaciones de hombre fluctuante entre el temor y la pasión. Temía perder, en un gesto equivocado, en una palabra errónea, lo que había ganado con otros gestos y otras palabras.

A ella la atemorizaba la posibilidad de no poder ser aquella que —según su imaginación— él esperaba. Una amante segura, una mujer adulta. Quería, por momentos, huir, regresar a sus rutinas cotidianas, donde todo estaba a resguardo de por vida. Se preguntaba qué hacía allí, deseaba poder escapar de este desliz, aunque no hubiera podido señalar quién iría a castigarla ni por qué.

En la penumbra de la habitación se podía ver a dos personas, pero en verdad había cuatro. Además de ellos —los que se iban descubriendo mutuamente con caricias lentas, con besos demorados, con el florecimiento de la piel—, estaban los otros que ellos mismos eran. Sus historias (un marido, quizá una esposa, o un ex o una ex o quién sabe), hijos, o no, trabajos, proyectos, sueños por cumplir o ya incumplidos, preguntas, respuestas. Vidas forjadas entre las olas de la vida.

Siempre hay una primera vez. Siempre —nuevamente— una primera vez. Y ésta era la de ellos dos. Es difícil saber cómo empezó. ¿A quién le interesan, después de todo, los comienzos? Pudo haber sido, supongámoslo así, en una reunión con amigos comunes. Quizá se conocieron allí y se encontraron hablando de gustos y disgustos, como si estuvieran sentados en el cordón de la vereda, esperando que pasara el heladero, o un autobús o, simplemente, que saliera la primera estrella. Quizá se encontraron en un lugar desprovisto de espacio, de tiempo, de deberes y de exigencias.

Ahora él quiere decirle cuánto le gustan la piel de ella, su olor, sus ojos y su pelo. Lo murmura. Ella le pide que calle. Teme a las palabras. Teme que sean la repetición de otras frases, similares, dichas en momentos idénticos a éste. Se buscan en silencio, reconociéndose en nuevas caricias.

La primera vez es un comienzo. Tienen que despojarse de costumbres y prejuicios aprendidos con largueza. Y de viejas rutinas, eficientes pero huérfanas de pasión. Tienen que arrojar por la borda escenarios, gestos y personajes que habitan en sus mentes. Se esfuerzan por ser un hombre y una mujer primigenios. Procuran implantar ahora una historia, la de ese instante, que sea más fuerte y más presente que sus historias.

Poco a poco a él deja de importarle si sabe lo que hace y cómo lo hace. Olvida lo que aprendió o lo que le hicieron creer que debería saber por el hecho de ser hombre. Ella se abre como una flor, como una compuerta clausurada hace mil años, y el torrente se lleva el miedo, lo aleja, hace que se rompa contra los arrecifes.

Cuando los cuerpos se alcanzan y se encuentran, se entrelazan y se funden, ellos son, por fin, un hombre y una mujer.

Cuando reposan, un tiempo después, están en otra estación del tiempo, en la cual ya no hay silencio. Ahora el amor continúa en las palabras. Las palabras ya no ocultan, no intimidan ni alejan. Muestran. Acercan. Acarician.

Afuera está el mundo, y en él deberán ser otra vez sus personajes. Pero ahora, en el final de la primera vez, desnudos de ropas y de otros disfraces, entregados por encima de los temores, ellos son quienes son.

¿Quiénes son?

Una pareja, un hombre y una mujer. Tienen alrededor de cuarenta años, se han conocido hace poco, y de sus vidas pasadas y presentes saben sólo lo que se han atrevido a preguntarle el uno al otro, y lo que cada uno se ha permitido contar. No importa la identidad. Sólo se trata de contar esa primera vez. Acaso porque toda vez es la primera. Y es un comienzo. ¿Pero a quién le interesan los comienzos?

La edad del deseo

¿A quién describe el relato de las páginas anteriores? ¿Por qué, en este caso, he omitido la referencia de los nombres? La razón es que no transcribí una historia que me contaron, ni que conozco, ni que pertenece a mis vivencias, como vengo haciéndolo a lo largo del libro. Esta vez se trata de algo imaginario. Pero ¿desde dónde imaginamos si no es desde lo sabido? Estoy seguro de que ese relato no le sonará extraño a nadie. Alguna mínima sensación, alguna palabra, algún ligero gesto de todo lo que allí se describe fue compartido entre los que caminamos por el ecuador de nuestras vidas.

¿O no es cierto que, más allá de las experiencias, siempre se llega al primer encuentro sexual con las expectativas, con las preguntas, con los misterios en la piel? El deseo no se acurruca jamás en un molde, no funciona por repetición, no se monta sobre pretendidas sabidurías. El deseo es algo que siempre se estrena. También a los cuarenta años.

Como suele ocurrir a medida que crecemos y madura nuestra vida afectiva, solía preguntarme —a veces con serenidad, otras con una leve línea de angustia— cuál sería la edad del deseo, cuándo empezaría a retirarse como la marea que baja, en qué momento las cenizas comenzarían a remplazar a las brasas. Obtuve una respuesta hace algunos años al mirar un video. Escribí algo en una revista acerca de esa experiencia y ahora quiero reproducirlo. Éste es el texto:

> En la pantalla se ve a una mujer que se desplaza con movimientos lentos, cuidadosos. En parte lo hace así porque vive esos momentos lánguidos, intensos que preceden y luego continúan al encuentro con otro cuerpo. Junto a ella hay un hombre. La acompaña en el movimiento y, por lo que se puede ver, también en el deseo.
>
> La película empezó hace no más de diez minutos. En ese lapso se les ha visto llegar hasta una casa blanca, de techo azul oscuro, con dos plantas, ubicada junto a una playa. Desde la breve loma donde se levanta, asiste al paisaje de un mar calmo, de reflejos verdosos.
>
> La pareja arribó en un auto grande, sólido. Un modelo de diez años atrás que se conserva vigoroso y atractivo. La mujer y el hombre descendieron mientras hablaban y bromeaban.
>
> La cámara los siguió con atención mientras abrían los ventanales y buscaban comodidad. Él preparó unos tragos mezclando las bebidas con el devoto cuidado de un artesano. Bebieron en la sala luminosa. Bebieron con calma, con la lenta y deliciosa calma de quienes saben que nada hiere tanto de muerte al placer como las urgencias.
>
> Por fin, subieron por unos escalones de madera. Arriba estaba el cuarto principal, éste que ahora se ve. Y esa cama enorme, mullida, sobre la que sus cuerpos se entrelazan. Las manos buscan las pieles. Los rincones se abren a otras búsquedas. La cámara continúa detenida en ellos hasta el final. Y tampoco se retira cuando el encuentro finaliza. Ambos fuman durante unos minutos, recuperan sus ritmos naturales y se miran con ternura.

Entonces ella se levanta, se cubre con una bata, avanza hacia la cámara, toma asiento en el borde de la cama, sonríe y, al tiempo que su rostro pasa a primer plano, habla con el espectador.

Dice que tiene setenta y dos años y que es antropóloga. Su amigo (así llama al hombre que está con ella) tiene setenta y cinco y es pintor. Se conocen desde hace muchos años y disfrutan de cada encuentro con un placer que, cuando se acercaba a los cincuenta, ella creyó que pronto dejaría atrás, en el recuerdo. A los veinte, dice, no solía reflexionar sobre esto. A partir de los treinta creyó que, lentamente empezaban los años del ocaso. Y mucho más a partir de los cuarenta. Con melancolía pensó que debería despedirse de ciertas sensaciones y deseos y que, inevitablemente, dejaría de interesar a los hombres. En cambio descubrió que empezaba a gustarle a otros hombres y desde nuevas vertientes y posibilidades. También eran diferentes los hombres que ahora le atraían a ella.

Lo cierto es que el momento de la despedida nunca llegó. Jamás hubo mutilaciones en su forma de sentir. Nunca, como había temido, el goce se perdió en las tinieblas. Hoy no tiene veinte años, pero no ha dejado de ser mujer. Quisiera que todos lo sepan. Su amigo asiente en silencio, la acaricia y simplemente sonríe.

Vi hace tiempo este documental estadunidense. Bastaron pocos minutos de proyección para que me olvidara de la edad de sus protagonistas. No eran dos ancianos ante mis ojos. Tampoco era obscena la imagen. Nunca olvidé esa película. La recuerdo siempre que alguien pregunta o que yo mismo inquiero a qué edad mueren el amor o el deseo. ¿A qué edad muere la gente?

Groucho Marx solía decir que un hombre es, en definitiva, tan viejo como la mujer a la que acaricia. Quizá haya una cierta dosis de machismo en el aforismo de este humorista agudo, lúcido e implacable. Quizá sea una verdad a medias en la medida en que no responde a la pregunta: ¿cuál es la edad de una mujer? Sin embargo, la sentencia viene al caso porque permite, mediante una leve adaptación, responder acerca del deseo. En efecto, a la luz de mi experiencia y de los testimonios recolectados bajo la forma de pregunta directa o de anotación subrepticia, se puede decir que no es la edad la que determina la existencia o no del deseo, sino la capacidad de desear la que habla del estado del corazón. Para no desear habría que empezar por no amar. Se puede desear sin amar, pero no amar sin desear. A los cuarenta deseamos como amamos: como corredores de largo aliento, no como velocistas; obligados a ganar una carrera en cien metros.

Con cuerpo y alma

Desde diferentes perspectivas, por razones distintas, alrededor de los cuarenta, hombres y mujeres tenemos preocupaciones específicas acerca de la sexualidad.

Por una cuestión de educación las mujeres inician su vida sexual bajo el signo de múltiples represiones. Placer y pecado suenan, en su vocabulario, como palabras peligrosamente parecidas. Es mucho lo que se lleva dicho y escrito acerca de los mandatos con que crecen y se forman las mujeres, pero nunca parece agotado el tema. La neoyorquina Susie Orbach —coordinadora de grupos de autoayuda para mujeres compulsivas— es autora de un interesante estudio (*Tu cuerpo, tú misma*) en donde sintetiza este problema con el inevitable maniqueísmo de las feministas pero, también, con inocultable verdad.

> Los medios presentan mujeres ya sea en un contexto sexual o en familia, reflejando los dos papeles prescritos para la mujer, primero como objeto sexual y luego como madre. Se la induce a casarse *atrapando* a un hombre con su buen aspecto y sus buenos modales. Para lograrlo debe ser atractiva, sexual, sensual, virginal, inocente, confiable, cariñosa, misteriosa, coqueta y delgada. En otras palabras, debe vender su imagen en el mercado matrimonial. Como mujer casada su sexualidad será aprobada y se proveerá a sus necesidades económicas. Así habrá alcanzado su primer estadio como mujer.

No todas se aplican obedientemente a este esquema, y es obvio que cada vez más mujeres intentan modificar ese destino manifiesto. Pero el camino no está libre de culpas ni es un sendero de rosas. He visto mujeres que, desde el punto de vista sexual, suelen confundir la definición de su verdadera sexualidad con una equiparación con lo masculino. La asunción de lo verdaderamente femenino no parece ser algo fácil y, quizá, tampoco del todo claro.

De todas maneras lo que sí resulta cierto es que, a medida que pasan los años en la vida de una mujer, ella suele ir dejando atrás muchas de las inhibiciones inherentes a su formación.

"Generalmente las reacciones de una mujer han sido determinadas en primer lugar por factores psíquicos, en tanto que las de un varón dependen de lo físico", señala Nancy Mayer. Y Carol Tavris en el *Informe Redbook sobre la sexualidad femenina* (una encuesta ya clásica efectuada por esa popular revista estadunidense) lo explica de un modo más simple: "Muchas mujeres jóvenes aprenden a utilizar el sexo para conseguir amor, mientras muchos muchachos simulan amor para lograr sexo".

Acaso se trata de un planteamiento un tanto brutal, pero no por eso despojado de verdad. Con mayor o menor intensidad, la educación sentimental y sexual que se nos ofrece para insertarnos en el mundo social apunta en esas dos grandes direcciones. El proceso de crecimiento y de maduración que acontece luego en nuestra vida camino de la madurez es, en todo caso, un proceso de "deseducación". Las experiencias afectivas, las vivencias, los diferentes tipos de encuentros y desencuentros que protagonizamos nos llevan, si estamos permeables a ellos, hacia el punto de nuestra verdadera identidad sexual. He omitido a propósito las palabras éxito y fracaso. Me resisto a usarlas dentro del vocabulario de lo afectivo. ¿Qué es un éxito o un fracaso en un campo tan sensitivo y sutil? ¿Es exitoso un tipo que se lleva a la cama a cuanta mujer cruza delante de su mira? ¿Es fracasada una mujer que no estableció pareja definitiva a los treinta y cinco años? A partir de los mandatos tradicionales podía sembrarse un auténtico reguero de interrogantes en esta misma dirección, sólo para comprobar lo absurdo que sonaría responder a ellos por sí o por no.

Lo que sí es cierto es que todos —y cuando digo todos quiero significar *todos*— albergamos preguntas inquietantes acerca de cómo será nuestra sexualidad allá por los cuarenta años. Más aun, en alguna ocasión nos preguntamos directamente si habrá sexo después de los cuarenta.

Como primera respuesta encuentro esta afirmación terminante de William H. Masters y Virginia E. Johnson, en un artículo de la revista *Playboy* de diciembre de 1970 (*Diez mitos sobre el sexo desmentidos*): "La más perniciosa de todas las mentiras sexuales es la creencia, casi universalmente aceptada, de que la efectividad sexual desaparece inevitablemente a medida que el ser humano envejece". Cuando llegamos a la edad mítica, y en especial al dejar atrás la inevitable conmoción que produce el cruzarla, descubrimos que, en efecto, Masters y Johnson tienen razón. Nuestra sexualidad existe, es, sin cuestionamientos, uno de los ejes de nuestra vida afectiva.

¿Se ha empobrecido? Eso sólo podría ocurrir en el caso de que haya sido siempre pobre y, a lo sumo, lo estaríamos descubriendo tardíamente. Somos un organismo, algo que existe, vive, actúa de un modo integral, no un simple conjunto de piezas o estadios. Ni a los cuarenta ni a ninguna etapa de la vida se llega, creo, con la cabeza bien y el cuerpo mal o viceversa, con el corazón pletórico y el sexo dormido o viceversa. Ni entonces ni nunca nuestra sexualidad es un tema al margen. Somos siempre más que la suma de nuestras partes.

Conozco, es obvio, más de la experiencia masculina que de la femenina. Y desde ella planteo algunos gozosos descubrimientos. Quizá porque mientras preparaba el material para este libro estuviera más atento a ciertas cuestiones, me llamó la atención la frecuencia con que en los últimos tiempos algunos amigos de mi edad me contaban que en la noche anterior o en el fin de semana pasado habían hecho el amor tres, cuatro o cinco veces con la mujer con quien estaban. A decir verdad yo mismo me había descubierto en etapas recientes en rendimientos que el folclor no suele adjudicar a "viejitos" de nuestra edad. Más habituales que estas confesiones suelen ser las bromas (siempre patéticas) acerca de la propia decadencia o de la de los amigos o colegas de edad. En cierto modo ese humor (cara oscura del machismo) suele ser algo así como la crónica de una derrota, una deserción o (¿por qué no?) una muerte anunciada.

Lo cierto es que, de pronto, ahí estamos, ante aquella revelación. Y no se trata de los famosos, legendarios (y no siempre comprobados ni comprobables) "cuatro al hilo" o "cinco sin sacarla" que, en la primera juventud, daban certificado de macho. Esta vez es algo diferente. Basta con ahondar en el relato de los otros o en la experiencia propia para desentrañar factores comunes. No hablamos de hazañas físicas, de récords deportivos. Relatamos vivencias en las cuales están presentes el afecto, la ternura o el amor. En aquellas marcas juveniles (y en el relato que daba cuenta de ellas) importaba muy poco quién era "ella", la mujer, la compañera de experiencia. Era un dato, un cuerpo. Ahora algo ha cambiado: ella es un factor determinante para que el hecho se produzca. Ocurre con *ella*, en el marco de una relación, y no importa definir los términos de ese vínculo, sino su existencia.

Entre las anotaciones que se cuentan en la génesis de este trabajo figuran dos con fecha llamativamente cercana entre sí (apenas una semana las separa). Aluden a conversaciones con Carlos, de cuarenta y seis años, y Héctor de cuarenta y dos. Fueron dos típicas charlas de amigos, esas que semejan una navegación sin rumbo preciso ni necesario, que constituyen un ejercicio de saludable levedad sin exigencias. Por supuesto el tema "mujeres" tuvo su capítulo inevitable. Y en ambas ocasiones se consumó con un acuerdo total. "Ya no tengo ganas de encamarme por encamarme. No me importa si se trata de una noche, de un par de semanas o de un año, sé que en cualquier contacto que tenga quiero estar presente, entregar algo, recibir algo, rozar, ser rozado; en mi mundo interior." No sé si esta frase existió textualmente en aquellas conversaciones, y si existió no sé quién la dijo. Pudo haber sido cualquiera de los tres. En todo caso éste fue el espíritu de lo charlado. Y eso es lo que importa.

Después —lecturas, conversaciones, consultas— comprendí que aquella coincidencia de sentimientos no era casual, que nos estaba pasando algo natural. Nos hemos criado con una doble norma sexual de la que ya hablé: los hombres bajo el mandato del *rendimiento*, las mujeres bajo el del *sentimiento*. Ambos alienados de nuestros verdaderos deseos. Las reacciones sexuales femeninas se han basado habitualmente en lo psíquico, mientras que las masculinas se guarecían en lo físico. Al entrar en el área de la cuarentena nos empiezan a pasar cosas que a menudo —y por suerte— escapan a nuestra conciencia. "Las mujeres guardan cicatrices más graves de su juventud, cuando la prohibición de obtener satisfacción sexual es más severa para ellas que para los hombres. Hacia los cuarenta, su aparente expansión sexual no es más que el reflejo de un largo proceso de desprenderse de las antiguas inhibiciones", describe con sencilla lucidez Nancy Mayer. Y continúa: "En la misma época en que las mujeres están recuperándose de las limitaciones de la doble norma, los hombres empiezan a sentir sus efectos devastadores. Llegados a la mitad de la vida tienen que adaptarse al hecho de que su sexualidad va dependiendo cada vez más de factores psíquicos, y de que ahora necesitan más estimulación erótica y más seguridad emocional".

Hay cosas ya sabidas a esta altura de nuestra cultura. Por ejemplo, el doble efecto que la menopausia provoca en las mujeres. Años atrás yo —como muchos de mi generación— lo había leído y lo sabía como un mero dato informativo. Hoy lo conozco por experiencias cercanas de mujeres relacionadas conmigo por distintos motivos. La menopausia es una despedida, es un duelo, es el final irreversible de algunos papeles, es la marca impiadosa del tiempo. Desde ese aspecto, me parece, duele, hiere, en cierto modo humilla. Pero es también un nacimiento, el encuentro con un nuevo inicio, casi el estreno de otra virginidad, el permiso para la liberación final del cuerpo en un sentido sexual. Acaso por eso es en esta edad que muchas mujeres alcanzan una belleza que solo insinuaban en épocas pretéritas, con la juventud a favor. Escribo esto con pudor, sabiendo que hablo de una experiencia que no es mi vivencia, pero procuro ser lo más sincero en la descripción de una observación. Y esta última se completa con aquella otra, según la cual, la sexualidad en las mujeres que continúan desarrollando su potencial humano está muy lejos de adormecerse a partir de los cuarenta. Ellas lo saben, nosotros también.

Un punto de encuentro

Lo que viene a demostrar la experiencia es que, a la altura de los cuarenta, el camino presenta una suerte de punto de encuentro en el cual muchos hombres aprenden a desembarazarse de viejos papeles en los que quedaba poco espacio para la vulnerabilidad, la pasividad y el *dejarse hacer*. En tanto que muchas mujeres encuentran que el del sexo es también un territorio de búsqueda, de exploración, de expresión de sí mismas. Digo *muchos* hombres y *muchas* mujeres; pero de ninguna manera todos. Una cosa son las expresiones de deseos y otra la realidad. Los cambios nunca son fáciles. Años de cultura y de formación nos empantanan a menudo en modelos rígidos.

Por otra parte, no siempre se trata de cambiar. El tema no es que los hombres pasen a ser mujeres y viceversa. Tampoco que unos y otras adopten características de identidad que hasta entonces no tenían. En verdad, lo que aparece a esta altura de la vida son cosas que ya estaban en cada uno de nosotros, con la única diferencia de que ahora comienzan a aceptarse y a experimentarse con placer y con el regocijo de la aceptación. Morton y Bernice Hunt citan en su libro este descubrimiento de su investigación:

> Por lo general una mujer se pregunta si su compañero propondrá el sexo en la primera cita o si hará una tentativa física abierta. Si lo hace, ¿como debe reaccionar ella? Por instinto, se negaría. Sin embargo se pregunta, ¿sería normal un semejante rechazo en este nuevo mundo? ¿Pensará su compañero que es una especie de purista o neurótica? ¿Su reacción será amable y comprensiva o furiosa y desagradable? Incluso si ya se da por sentado, ¿hasta qué punto se esperaba que ella lo haga? ¿Es absolutamente necesario hacerlo para que la sigan invitando?

> Por otra parte el hombre suele preguntarse si puede y debe proponer el sexo o hacer una tentativa física abierta en la primera cita. ¿Es permisible? Si lo hace, ¿ella lo rechazará pensando que sólo es uno más de esos hombres crudos e insensibles, interesados únicamente en la satisfacción física? Si no lo hace, ¿estará decepcionada, pensará que no le interesa? ¿O acaso supondrá que teme a las mujeres, que es impotente, neurótico, maricón? ¿Deberá intentarlo tenga ganas o no? *¿Debe* intentarlo?

> Cerca de la mitad de los recién llegados descubren, sorprendidos o incluso impresionados, que el mundo de las personas separadas tiene una vida sexual mucho más veloz, menos inhibida y más experimental que el de los jóvenes solteros. En cuanto a la otra mitad, no les sorprende especialmente, pero sí les asombran las sutilezas, las reglas cotidianas de la conducta sexual.

Los Hunt hablan de hombres y mujeres que, bastante más allá de los treinta años, regresan a una vida de solteros "y tienden a sentirse ignorantes y desconfiados por lo que les espera en el campo sexual". Idéntica problemática desarrollan las psicólogas argentinas Juanita Blachman, Matilde Garvich y Mónica Jarak en una nota que firman en la revista *Uno Mismo* (núm. 67, enero de 1989), en la que dicen:

> ¿Qué me pongo?, ¿a dónde iremos?, ¿nos gustarán los mismo lugares?, ¿cómo terminará la noche?, ¿le gustará mi cuerpo? Formularnos estos interrogantes a los treinta o cuarenta años puede hacernos sentir tan torpes como un adolescente [...] Encontrarse hoy con el otro no es lo mismo que a los dieciocho años; aunque las incertidumbres sean estremecedoramente similares a las de la adolescencia, sus portadores tienen más edad y una historia vivida. Tienen, además, sus prevenciones: saben de sus necesidades sexuales y buscan explorar otros vínculos, pero aún no pueden o no quieren asumir un fuerte compromiso afectivo. Detestan aparecer como mojigatos y tampoco les sirve ser *demasiado pícaros*. En definitiva, oscilan entre el deseo de conocer a otra persona y el impulso de seguir solos. En ese contexto el otro es una figura tan deseada como temida. Y los testimonios surgidos al calor de la reflexión grupal dan cuenta de la ambivalencia:

- No me depilo, así no me tiento.
- Estoy lleno de prejuicios y al final eso me intimida para ser espontáneo. Me hago un montón de historias con cada mujer que conozco, pero al final salgo disparando.
- Siempre critiqué a las histéricas, pero ahora me pregunto si yo no lo soy. Me encanta seducir, pero hasta allí nomás.

Tanto en las verificaciones de los Hunt, como en los testimonios recogidos por Blachman, Garvich y Jarak aparece con una fuerza notable y excluyente el leitmotiv de las expectativas, la espera, las preguntas del tipo: ¿qué seré para él/ella?, ¿qué querrá?, ¿qué pasará?, ¿le gustaré?, ¿me gustaré? Todas preguntas sin respuesta posible. Nadie las conoce y, por otra parte, ¿de qué valdría saberlas? ¿De qué sirve, en definitiva, saber? Después de muchos años de relación hay parejas en las cuales, a esta edad, tanto el uno como el otro *saben*. Pueden anticipar sin error qué hará, qué dirá, cómo reaccionará, a qué se negará el compañero ¿Ayuda ese saber? ¿Determina con mayor precisión la madurez de la sexualidad? Por el contrario, son las parejas que *no saben*, las que pueden convertir cada encuentro sexual en un territorio nuevo, de topografía inesperada, los que pueden continuar andando juntos, siempre actuales, siempre actualizados, el camino de su sexualidad. Porque si algo útil se puede haber aprendido en esta materia al doblar el codo de los cuarenta, es que no existe de veras una cosa llamada experiencia. Al menos si por eso se entiende la acumulación rígida y prolija de técnicas. Una técnica, fruto de la "experiencia", vendría a resultar algo así como un libreto, la previsión, el futuro (así se trate del próximo segundo) metido en un tubo. Quien acumuló "experiencia" envasándola bajo la forma de "técnicas" no ha hecho más que congelar el pasado para trasvasarlo hacia el futuro, a través de un cordón que salta penosamente por sobre el presente, que es el único espacio en el cual la "experiencia" no sirve. El presente simplemente *es*. Después de buscar "experiencia", "técnicas", libretos, lo único posible de verdad es *estar* en cada situación, en cada encuentro. Explorar, dejarse explorar. Ser el que se es ahora, en el momento de estar con el otro, con la otra. Ser, entre esas sábanas, entre esos abrazos, junto a ese cuerpo, todo lo que se es. Fuerte, vulnerable, tierno, rudo, intenso, leve, hombre, mujer. Todo eso.

En buena medida es de eso de lo que habla Carol Tavris en el *Informe Redbook* al decir:

> Irónicamente, y por fortuna, los cambios en los ciclos vitales pueden aproximar más a ambos sexos, en lugar de aislarlos: el amor y la sensualidad se hacen más importantes cuando se ha perdido la urgencia sexual de la adolescencia; también para las mujeres la expresión sexual se convierte en lo más importante una vez que pierden el difuso romanticismo de la adolescencia y adquieren conocimiento de sus propios cuerpos. Así, pues, a la mitad de sus vidas, los dos sexos se encuentran en inmejorables condiciones.

Hay más cosas que, desde el saber científico se han dicho acerca de la sexualidad y la edad. En *La nueva sexualidad del varón*, el sexólogo argentino

León Roberto Gindin hace una rigurosa síntesis de las etapas que marcan esa relación. Señala que, entre los veinte y los veintinueve años, "tanto hombres como mujeres en general comienzan a disfrutar mucho más plenamente del sexo que antes; comienzan a conectarse más libremente con el placer mutuo, asociado a un sentimiento emocional de la pareja". Luego, entre los treinta y los treinta y nueve, "la mayoría de los hombres y las mujeres disfrutan más del sexo porque se sienten más a gusto con él: conocen más cosas acerca de su sexualidad y la de su pareja y se sienten más libres para comunicarse al respecto". Y ya en los años clave, los que van de los cuarenta a los cuarenta y nueve, aparece para los hombres "la época de mayor preocupación respecto del *cumplimiento*. Sin embargo, para muchos es la época de mayor goce y refinamiento sexual: lograr dedicarle un mejor espacio en su vida". Para las mujeres, explica Gindin, a veces el hecho de que "no exista más la preocupación por el sexo reproductivo, se traduce en una mayor libertad para disfrutar de las relaciones". En cuanto a los hombres, insiste, "refieren la cada vez mayor importancia que tiene para ellos la relación emocional con su pareja para poder disfrutar de una manera más completa del sexo". Por si uno quisiera echar una mirada hacia el horizonte por encima del muro, Gindin traza un breve panorama de la década que va de los cincuenta a los cincuenta y nueve años: "La mayoría de las personas se halla placenteramente dedicada a *re-crear* su vida sexual (y a menudo su vida en general) tanto para hacer de ella algo muy parecido a lo que siempre había deseado, como para ajustarla a sus cambiantes reacciones físicas o ambas cosas".

Este cúmulo de teorías, declaraciones e hipótesis casi podría hacernos lamentar el no haber llegado antes a la cuarentena. Pareciera que, en el aspecto sexual, eso de que la vida empieza a esta edad se debe entender como la entrada en un continuo estado de placer. ¿Qué ocurre entonces al merodear los cuarenta con la angustia del pene que, a pesar de las teorías, aqueja a los hombres de carne y hueso o con esa depresión que produce en las mujeres reales el hecho de sentirse literalmente "viejas"? ¿Hay que desoirlas porque no se ajustan a las teorías? ¿O las teorías son simples expresiones de buenos deseos?

Como en todos los aspectos de la vida, seguramente en éste tampoco existe *la* verdad. Al menos, no una y única. No hay, por lo que he podido averiguar y experimentar, cambios ni drásticos, ni mágicos, ni tampoco inesperados. No se pasa, a los cuarenta, de una pobre vida sexual a la exuberancia, ni de la plenitud al deterioro implacable. Acaso se consolidan las tendencias, como ocurre en el resto de los temas. Vale aquí algo que puede decirse en términos generales: somos, a los cuarenta, quienes nos hemos venido preparando para ser conscientemente o no, durante los años anteriores de nuestra vida. Y sí, es cierto que el tiempo aporta lo suyo, la certeza de la finitud abre interrogantes, genera angustias. Son inevitables. Y no hay, además, respuestas que contengan una verdad sedante. Tampoco hay promesas válidas. Pero sí existe una certeza de la cual valerse. Es probable que a esta altura de la vida ya sepamos algo: las respuestas a todas las preguntas esenciales están siempre dentro de nosotros.

Entre tales respuestas me parece importante ésta. A los cuarenta uno ya puede —¿ya debe?— saber que existen tantas posibilidades, tantos estilos, tantos ritmos, tantas sensibilidades sexuales como compañeros sexuales uno encuentre. Haberlo aprendido permite exigir menos, ser menos exigido, no llegar a la cama con un dogma bajo el brazo. Ya sabemos —deberíamos saber— para entonces, que ni nosotros somos idénticos a nosotros mismos en cada ocasión y con cada persona. Corto o largo, apasionado o leve, romántico o perverso, cada encuentro sexual (aun con la misma persona) es distinto y es único. Vivirlo así amplía, en todo caso, el horizonte de las sensaciones y de las vivencias. Esto sí, es algo que se aprende, y no puede saberse a los veinte, como uno está en condiciones de haberlo aprendido a los cuarenta. La buena noticia es que existe el sexo después de los cuarenta. La mala es que, si no se aprendió aquello, sencillamente no hay remedio.

Espacio de reflexión
Test: *Lo que el sexo nos dejó*

Este cuestionario contiene preguntas que pueden parecer obvias. Sin embargo, no siempre lo obvio es lo que primero se ve. Procure responder —una vez más— con sinceridad, prestando más atención a la verdad de su pensamiento que a las apariencias.

1. La frecuencia de las relaciones sexuales indica la profundidad de los sentimientos y la solidez de un vínculo.

    ☐ Cierto   ☐ Falso

2. El orgasmo es la finalidad del acto sexual, y sólo con él, aquél se completa.

    ☐ Cierto   ☐ Falso

3. Una vez en la cama es más satisfactoria la técnica sin sentimientos, que los sentimientos sin técnica.

    ☐ Cierto   ☐ Falso

4. El desarrollo de una buena técnica sexual facilita satisfactorias relaciones eróticas con cualquier persona.

    ☐ Cierto   ☐ Falso

5. Intimidad y sexualidad son sinónimos.

    ☐ Cierto   ☐ Falso

6. Una buena pareja empieza por una "buena cama".

    ☐ Cierto   ☐ Falso

7. La plenitud física de las personas coincide con su plenitud sexual.

    ☐ Cierto   ☐ Falso

8. Cuantas más parejas sexuales una persona tiene a lo largo de su vida, mayor es su habilidad en ese aspecto.

    ☐ Cierto   ☐ Falso

9. Para las mujeres es más importante el amor que el sexo, para los hombres es más importante el sexo que el amor.

    ☐ Cierto   ☐ Falso

10. El buen entendimiento sexual es espontáneo. Si en la pareja hay que hablar, pedir lo que uno quiere y expresar lo que no desea, si hay que preguntar, si hay que explicarle al otro lo que a uno le gusta (en lugar de que se dé cuenta solo), eso significa que no hay entendimiento ni empatía.

    ☐ Cierto   ☐ Falso

11. Cuando hay amor, uno hace en la cama todo lo que su pareja le pide.

    ☐ Cierto   ☐ Falso

12. La plenitud sexual se alcanza en el plano individual y se vuelca en la pareja.

    ☐ Cierto   ☐ Falso

Resultados

La respuesta a todas estas afirmaciones es... falso. Al llegar a la mitad de la vida ésta ha ofrecido suficientes oportunidades como para habernos dado cuenta de que:

- No hay una frecuencia "normal" para la actividad sexual; cada pareja encuentra la propia y el ritmo adecuado es aquél con el cual la pareja es feliz sin tener que dar explicaciones.
- El orgasmo es uno de los momentos del encuentro sexual; sin embargo la finalidad de ese encuentro no es "producir" orgasmos sino recorrer los múltiples caminos del placer.
- La "técnica" sexual no es más que la libertad de expresar (corporal y espiritualmente) los deseos y explorar las posibilidades de encontrar un estado emocional profundo en el encuentro erótico. Despojada de los especiales matices de cada ceremonia erótica, la técnica deviene en simple gimnasia genital.
- No existe una "técnica" adecuada. Un despliegue de ejercicios genitales y de resistencia física puede no provocar nada en la otra persona y una adecuada alquimia de los cuerpos que se encuentran puede potenciar explosivamente a un simple beso.
- La intimidad es el descubrimiento, exploración y construcción de un espacio propio y único de la pareja con base en la confianza, en la posibilidad de dar y recibir, de conocer y de ser conocido, de aceptar y de ser aceptado. La sexualidad es uno de los componentes de esa construcción, pero no su condición de ser.
- Tener "buena cama" es, en principio, haber congeniado físicamente y no garantiza más que eso. Muchas parejas empiezan por ahí y pronto se aburren, otras tardan en llegar a ese punto y en el camino descubren muchas otras cosas de sí. Cuando la energía amorosa está presente toda cama es buena. A veces, cuando los conflictos arrecian la "buena cama" se convierte en un anestesista o en un ejercicio compulsivo de negación.
- El mayor rendimiento sexual, en términos físicos, coincide con el apogeo

de ciertas funciones orgánicas y biológicas de las personas. La plenitud sexual es otra cosa. Alude a la máxima expresión afectiva, a la mayor comunicación emocional, a la plétora del encuentro físico y espiritual con el Otro. Eso no depende de lo físico, sino de la totalidad del encuentro. Y puede ocurrir en cualquier momento de la vida.

- La sexualidad no es una cuestión de batir marcas. Se puede tener una pobre vida sexual (en materia de expresividad, entrega, receptividad, intensidad, intensidad emocional, etcétera) pese a acumular docenas de "partners" o se puede alcanzar una riqueza incesante de descubrimientos y experiencias con una misma persona.
- La creencia de que las mujeres priorizan el amor por sobre el sexo y los hombres el sexo por sobre el amor hace que unas se nieguen sus deseos y los otros repriman sus sentimientos. Es una forma más de la partición artificial y nociva de las características "masculinas" y "femeninas". Las cosas por las cuales somos distintos son otras. Dar fe a este dogma provoca desencuentros, sospechas y, para ambos, una sexualidad empobrecida.
- El de la sexualidad es apenas uno de los campos en los que la pareja se comunica. Poder decir, pedir, negociar, contar es, en este aspecto, una forma de enriquecer este aspecto y de fortalecer el amor, el deseo y la confianza.
- Cuando uno hace por amor todo lo que el otro quiere, sienta las bases de una relación dominador-dominado y abre el camino a la insatisfacción y a los reproches. Por amor a uno mismo (primer paso de la disponibilidad para amar a otro) cada persona debe saber qué quiere, qué puede, qué está en condiciones de dar y qué necesita recibir. El que pide todo y el que da todo, indiscriminadamente, están llamando amor al autoritarismo, al egoísmo, a la dependencia y a la sumisión. El que da todo no da nada, porque no establece una valoración. El que pide todo es insaciable y no da importancia a lo que recibe porque no lo registra.
- La sexualidad es un campo en el que se encuentran dos personas en su integridad de cuerpo y espíritu. No hay forma de alcanzar la plenitud si no es con otro. No hay "entrenamiento solitario" que permita llegar mejor "preparado" al encuentro.

6 El equipo más difícil de armar

Yo tenía treinta y cinco años y mi matrimonio de una década (que incluía un hijo) tocaba inexorable y melancólicamente su fin. Era un periodo de múltiples cambios: iba a regresar al país luego de haber vivido seis años fuera de él, y esto significaba en buena medida volver a fundar todo. Mi vida profesional, mis relaciones familiares y de amistad, mi cotidianidad, todo iba a barajarse y a ser repartido de nuevo. También mi horizonte afectivo. En esa situación sentía expectativa, miedo, tristeza, entusiasmo, dolor, ganas. La amalgama era rica y compacta. Sin embargo, el barniz exterior de todo eso tenía la tonalidad de la melancolía. Quizá por aquello del duelo que acompaña a los finales aun cuando haya un principio inmediatamente abierto. En forma simultánea transitaba el último tramo de una terapia que, a lo largo de cinco años, había resultado reveladora y movilizadora. Por entonces Estela, mi terapeuta, solía explicarme algo que yo entendía teóricamente, pero que iría aprendiendo de manera integral con el paso de los años, de las vivencias y de lo observado y entendido no sólo por mi cuenta sino también a través de los otros.

Estela decía que no había una pareja —de una vez y para siempre— en la vida de las personas. Que las parejas correspondían a momentos, a etapas, y que era en la segunda mitad de la vida cuando existía la posibilidad de que apareciera una en la cual permanecer y con la cual transitar ese camino culminante. Ella tenía diez años más que yo, vivía el segundo matrimonio de su vida y, como ejemplo, hablaba de su experiencia. No sé si sus conceptos eran exactamente éstos, pero en todo caso es lo que yo recuerdo y la memoria, creo, es eso: no las cosas como fueron o se dijeron, sino como uno las sintió o las recuerda.

Lo cierto es que, a estas alturas de nuestra sociedad, cuando alguien se encuentra con una persona que ronda los cuarenta, pregunta (*se pregunta, le pregunta*) con absoluta naturalidad, si está en pareja. Lo que en otros momentos de la evolución social se hubiera dado por sentado, hoy no lo está. Se puede estar en pareja o no. Y si se está en pareja puede ser la segunda, la tercera, etcétera y no necesariamente la primera.

Algo pasa entonces con el tema. "Durante los últimos años las discusiones de base sobre la institución matrimonio y familia han encontrado amplia resonancia en la sociedad, y esas controversias han modificado, asimismo, profundamente la forma de constituir la pareja y de resolver los conflictos que surgen de ella", explica el psiquiatra suizo Jürg Willi en su casi clásico *La pareja humana: relación y conflicto*.

> Aquellos que llegaron a la edad de adultos tras la década de los sesenta —dice Willi— se distinguen por una conciencia más clara del problema referente a las relaciones bipersonales, tratan de conseguir un enfoque realista y sin ilusiones de las relaciones duraderas. Intentan seriamente hacer realidad los valores de una comunidad de vida libre y en pareja. Se empeñan en ello y tienen propensión a exigirse demasiado por el realismo con que quieren convertir en realidad los nuevos ideales de la vida en común. Las normas sociales que han determinado por años el papel del hombre y de la mujer han fijado legalmente las formas del matrimonio y de la familia y han conducido la vida sexual por distintos caminos que no han sido solamente barreras sino también líneas de orientación.

Ahí aparece, en cierto modo, el hueso de la fruta. La orientación, los modelos. Casi todos nosotros arrancamos, allá por nuestros veinte, con un modelo de pareja que nos habían transmitido, pero también con los gérmenes de su cuestionamiento. Hemos cumplido a nuestra manera —acaso menos rígida, tímidamente aggiornada— con el modelo heredado y también lo hemos perdido por el camino. Algunos lo han intentado de nuevo con resultados diferentes, otros se repitieron tozudamente y los hay que no se volvieron a enrolar otra vez en las mismas filas. Creo que desde ninguna de aquellas experiencias se puede afirmar que se tienen las respuestas para preguntas como éstas: ¿es necesaria la pareja?, ¿hay un modelo que combine libertad y pertenencia de modo constructivo?, ¿se puede crecer permaneciendo solo?

Cada quien va encontrando su propia respuesta, y creo que lo peor que se puede hacer con ella es convertirla en un dogma. Cada respuesta es válida mientras dura. Todo es definitivo mientras dura. Quienes más quienes menos, hemos aprendido a dejar de lado consignas como *para siempre* o a desconfiar íntimamente de palabras que huelan a eternidad. Como nada las remplaza —al menos con idéntico peso—, a menudo cierta sutil angustia rodea al tema. ¿Será una angustia mítica?

En *El banquete*, Platón habla de un momento de la historia en el cual el mundo estaba poblado de seres dobles. El hombre doble, la mujer doble y el andrógino, un hombre-mujer. Otra característica de estos seres fabulosos (portadores de dos pares de brazos y piernas) era su ambición. Ella les quiso hacer alcanzar el cielo. Zeus no podía dejar pasar semejante afrenta sin un escarmiento. Y el que eligió fue terrible: partió a los seres por el medio. Le encargó a Apolo que hiciera cicatrizar esas heridas. El corte de cada uno de estos seres, ahora separados, cerraba en lo que se conoce como el ombligo.

Cada mitad, posesionada por la angustia, inició la búsqueda desesperada de su otra parte. Cuando lograban encontrarse se echaban la una en los brazos de la otra envueltas en llantos y lamentos y así permanecían, intentando resucitar la unión inicial, hasta que les llegaba la muerte. Sin embargo, Zeus tomó una precaución. Para evitar que la especie desapareciera colocó órganos sexuales en cada mitad, de manera que al abrazarse ambas fueran capaces de procrear. De esta forma —por la vías del sexo y de ese amor desesperado— se restauró la unidad.

Como todos los mitos, también éste está preñado de belleza, de aliento poético y de significados. Se trata, además, de una dramática parábola sobre la pareja. ¿Qué somos, en fin? ¿Simples mitades errantes que deambulamos a la búsqueda de la parte que nos completa? ¿Desde dónde podría completarnos esa mitad faltante? ¿Desde lo igual o desde lo distinto? Es más ¿necesitamos en verdad ser completados? ¿Y, en todo caso, debemos serlo por un otro o una otra?

El sociólogo italiano Francesco Alberoni, uno de los pensadores contemporáneos que con más dedicación ha calado en los temas fundamentales de las relaciones humanas, dice en su indispensable *Enamoramiento y amor*: "El enamoramiento es separar lo que estaba unido y unir lo que estaba dividido". Lo que estaba unido era, como resulta obvio, nuestra identidad. Lo que estaba dividido, nosotros y la persona de quien nos enamoramos. Las personas enamoradas (y a menudo ambas a la vez) vuelven a recorrer el pasado y se dan cuenta de que lo que ha sido fue así porque en su momento hicieron elecciones, lo quisieron ellos y ahora ya no lo desean más. El pasado no se oculta ni se niega, es desvalorizado. Es verdad que he amado a mi marido y lo he odiado, pero ya no lo odio, me equivoqué y puedo cambiar. El pasado aparece como prehistoria y la verdadera historia empieza ahora.

Ésta es la sensación. Cuando se inicia una empresa amorosa con otro, uno tiene la certeza de que la historia, en verdad, empieza ahora. ¿Empieza? ¿Se repite? ¿O simplemente continúa, como un río constante que fluye a lo largo de paisajes cambiantes?

El ensayista suizo Denis de Rougemont concretó con *Amor y Occidente* uno de los intentos más ambiciosos y mejor logrados de entender el amor en términos de mitos, de historia y de planteamientos sociales. El suyo es uno de los más delicados intentos de establecer las características y divergencias del amor cortés y del amor pasión. "En la Edad Media —dice— se enfrentaban dos morales: la de la sociedad cristianizada y la de la cortesía herética. Una implicaba el matrimonio, del que se llegó a hacer un sacramento; la otra exaltaba un conjunto de valores de los cuales resultaba —en principio, al menos— la condena del matrimonio."

De Rougemont estudia con minuciosidad la crisis actual de la pareja y la relaciona con las expresiones vigentes de aquel antiguo conflicto entre la ortodoxia (de la cual derivaría hoy lo que él llama una moral burguesa) y la herejía medieval (antecesora de una moral pasional o romanesque contemporánea).

> Ninguna civilización conocida en los siete mil años que llevan sucediéndose —escribe De Rougemont—, ha dado al amor llamado *romance* semejante publicidad cotidiana: en las pantallas, en los carteles, en los textos y los anuncios de las revistas, en las canciones y en las imágenes, en la moral corriente y en lo que ésta deifica. Ninguna otra ha intentado tampoco, con esa ingenua seguridad, la peligrosa empresa de hacer coincidir el matrimonio y "el amor" así comprendido y de basar el primero en el segundo.

Luego continúa:

> Los términos amor y matrimonio son prácticamente equivalentes; si se ama hay que casarse en el mismo instante; por fin, el "amor" debe triunfar normalmente sobre todos los obstáculos, como muestran diariamente novelas, películas e historietas. De hecho, aunque el amor novelesco triunfa sobre gran cantidad de obstáculos, hay uno contra el que se estrellará casi siempre: la duración. Y el matrimonio es una institución hecha para durar o no tiene sentido. Éste es el primer secreto de la crisis actual, crisis que puede apreciarse simplemente por las estadísticas de divorcio.

De Rougemont escribía esto en 1956, cuando los cuarentones de hoy éramos niños quizá ajenos aún a las tribulaciones del amor. Pero si donde él escribe "matrimonio" leyéramos "pareja" estaríamos ante un interesante planteamiento de la cuestión.

La francesa Christiane Collange, en *La fiebre del divorcio*, aborda el tema de un modo menos solemne.

> Todos nosotros hemos sido educados en una cierta mitología del amor-para-siempre. El amor no forzosamente, pero la pareja desde luego. En el hit parade de los ejemplos que se deben seguir, Filemón y Baucis

ocupan uno de los primeros lugares. Muy por delante de Tristán e Isolda y de Romeo y Julieta, cuya seriedad no puede garantizarse dada su falta de ancianidad.

En las parejas y en las pilas eléctricas la duración es la garantía de su calidad. Tanto es así que cuando una unión no se eterniza se pone en duda su valor. Radicalmente, desde el principio. En cambio, cuando una pareja resiste al desgaste del tiempo se la admira, se la pone como ejemplo.

A continuación, y con sagacidad, la autora se interna en los motivos de esa permanencia, los cuales no siempre resultan envidiables ni deseables. Sumando las razones que ella subraya, más las que señalan otros autores y las que he podido detectar a través de mi propia indagación, podrían enumerarse los siguientes motivos que hacen a una pareja perpetuarse:

- El temor a los padres.
- El temor al qué dirán.
- El temor a Dios.
- Los hijos.
- El miedo al otro, sobre todo en las mujeres. ("Me mataría si lo dejo.")
- La culpa. ("Se mataría si la dejo.")
- Miedo a ser rechazado socialmente debido al "fracaso" afectivo.
- Miedo a aceptar el fracaso.
- Miedo a la soledad.
- Los intereses económicos.
- Los intereses sociales.
- La costumbre.
- La seguridad.

No es necesario hurgar demasiado debajo de estas razones para advertir que son edificios sin cimientos. Sin embargo, miles de hombres y mujeres transcurren sus vidas dentro de ellos. Si algo puede decirse al respecto desde la atalaya de los cuarenta años es que, en general *uno no se engaña*. Si permanece en una pareja por cualquiera de los motivos enunciados, podrá crear una excusa para los demás, pero difícilmente podrá engañarse acerca de la fórmula de transacción. De lo contrario, no permanece.

He hecho una lista de amigos y conocidos a quienes yo frecuentaba hace quince años y de quienes sigo teniendo noticias o manteniendo contactos estrechos hoy, ya atravesada la barrera de los cuarenta. La lista incluye quince nombres. Todos, me incluyo, estábamos entonces casados. Hoy sólo uno mantiene su matrimonio de aquel momento. Del resto, hay tres que están experimentando su tercera prueba matrimonial (o de convivencia en pareja); cuatro viven su segunda experiencia; tres reincidieron, fracasaron y se mantienen ahora solteros; los restantes jamás volvieron a reincidir.

¿Tiene esto algún valor estadístico? Me atrevo a decir que sí. Tiene, al menos, el valor de una evidencia. Me refiero a mujeres y hombres de cuarenta años, de clase media, similares a millones. No son extraterrestres. Lo que a ellos les pasa es lo que les ocurre a los cuarentones de hoy. Todos, quien más quien menos, hemos aprendido a detectar —aunque no siempre a tiempo— cuál es el tipo de pareja *que no queremos*. La parte más difícil del rompecabezas es completar la que sí deseamos, la que nos satisface, nos sacia, nos entrega (en vida) la respuesta a nuestras interrogantes amorosas.

Escribir la historia

Cuando nos casábamos, a los veintipico de años, sólo teníamos certezas. O creíamos tenerlas. Íbamos a afirmar nuestra identidad, a cumplir un destino, a reparar lo que rechazábamos de las parejas modelo (nuestros padres) haciéndolo bien, o directamente lo íbamos a emular, seríamos el uno (una) para la otra (otro). Haríamos de la empresa una historia ejemplar y feliz.

El tiempo enseña. Entre otras cosas se puede aprender que no somos necesariamente nosotros quienes escribimos la historia, sino que, en buena medida, es ella quien *nos* escribe. Hay, sí, una trama, pero nuestro protagonismo no consiste en redactarla, sino en vivirla. Cuanto antes nos damos cuenta, más posibilidades nos asisten de vivir nuevas oportunidades en lugar de tropezar, una y otra vez, con la misma piedra.

¿Qué es el enamoramiento? Francesco Alberoni ha logrado una inspirada descripción de ese fenómeno: "Es el estado naciente de un movimiento colectivo de dos". Esa breve definición es riquísima en significado. Es la forma más simple del movimiento colectivo, dice Alberoni, pero tiene puntos de contacto con esos fenómenos históricos que cambian sustancialmente, radicalmente, la calidad de la vida y la experiencia entre las personas. Como en el periodo inicial de una revolución, el enamoramiento derriba lo instituido, cuestiona e invalida lo establecido, rompe con la tradición. A esto, que es un periodo único y extraordinario, sigue —o no— la etapa del amor, durante la cual nuevas instituciones se establecen, otro orden se instituye y un nuevo modelo funciona, aunque nadie pueda asegurar, desde el principio, nada acerca de su perdurabilidad.

La diferencia fundamental —escribe el sociólogo italiano— reside en el hecho de que los grandes movimientos colectivos están constituidos por muchísimas personas y se abren al ingreso de otras personas. El enamoramiento, en cambio, aun siendo un movimiento colectivo, se constituye entre dos personas solas; su horizonte de pertenencia, con cualquier valor universal que pueda aprehender, está vinculado al hecho de completarse con sólo dos personas. Éste es el motivo de su especificidad, de su singularidad, lo que le confiere algunos caracteres inconfundibles.

Semejante fenómeno está teóricamente en la génesis de cualquier pareja humana. No se trata de algo menor. Se habla, nada menos, que de la fundación de una nueva comunidad. Y un movimiento de semejante envergadura sólo ocurre de tanto en tanto. Bien puede suceder que un hombre no conozca nada parecido en toda su vida, o quizá sí, tan sólo una vez. Cuando hay en juego millares o millones de personas, con todos los intereses económicos o de clase, con todas las elaboraciones ideológicas posibles, la dificultad de estudiar los mecanismos elementales se vuelve dificilísima. Pero el enamoramiento es una experiencia que todos hemos pasado, y cada quien es buen testigo de lo que ha vivido y puede contarlo. De esta manera, el estudio del enamoramiento se convierte en la llave para abrir la puerta a fenómenos mucho más complejos e inaprensibles para la experiencia de una sola persona.

Parece claro que cada pareja es una historia casi en los términos en que se habla de la otra Historia, la de la mayúscula. Y como ocurre con los movimientos colectivos cuando no tienen definida una identidad, una génesis, una ética, el fracaso acecha a cada instante. ¿Cómo se podía, entonces en nuestros veinte y pico, vivir con tantas certezas? Quizá, porque como ocurre con muchos movimientos colectivos, sobraban las ingenuidades y el voluntarismo.

Hay una película que no vacilo en calificar de obra maestra, una indagación lacerante y profunda como pocas en el laberinto de las relaciones hombre-mujer, un auténtico modificador de la conciencia que traza con genialidad los vericuetos interiores de la pareja humana. Se trata de *Escenas de un matrimonio*, de Ingmar Bergman. En seis extensas secuencias, el director sueco cuenta la relación de Johan (Erland Josephson) y Marianne (Liv Ullman) desde que los conocemos como un matrimonio ejemplar (con casa, profesión e hijos incluidos) hasta que, varios años después, se reencuentran sin objetivo preciso, luego de haberse separado y haber transitado por múltiples, matizados caminos individuales de búsqueda, de dolor, de hallazgo. La parábola que va desde la primera hasta la sexta escena encierra de un modo perfecto, implacable, sensible, cruel, y también piadoso, los más profundos interrogantes y cuestionamientos que, a esta edad, acumulamos.

En el prefacio al guión de esa película el propio Bergman da cuenta de la evolución de sus personajes. Es revelador citar algunas de sus descripciones. Al referirse a la escena inicial, cuando los espectadores conocemos a Johan y Marianne, su creador dice de ellos que son

> [...] como niños de normas fijas y tienen fe en la seguridad material. Nunca han encontrado opresiva o falsa su típica vida de ciudadanos. Se han ajustado a un patrón que están dispuestos a llevar adelante. Su anterior actividad política supone una confirmación de esto, más que una contradicción. En la primera escena presentan el atractivo cuadro de un matrimonio casi ideal [...] Un tanto presumidos y estirados, creen haber organizado todo de la mejor manera posible. Se escuchan

una y otra vez soluciones de primera mano y bien intencionadas trivialidades [...] Johan y Marianne se han preparado para lo mejor en el mejor de los mundos. A pesar de todo sufren, al final de esta escena, un ligero contratiempo. Se encuentran ante una delicada elección. Esto abre una brecha, aparentemente insignificante, que se cura y cicatriza, pero bajo la cicatriz ya se ha formado un foco infeccioso.

¿Está Bergman retratando simples personajes de ficción? ¿No está hablando en realidad, con estremecedora franqueza, de seres que conocemos, que nos rodean, de seres que somos o hemos sido?

En la segunda escena, aunque las cosas siguen bien, Marianne comienza a sospechar que no todo es como lo indica la superficie. Ocultan el descontento barriéndolo bajo la alfombra. En la tercera, Johann confiesa que ama a otra mujer. Él se va, entusiasmado por su nuevo sentimiento, y ella queda humillada y en desconcierto. La cuarta escena los sorprende reuniéndose nuevamente luego de algunos años. El encuentro destila dolor, tristeza y agresividad. Él está entrando en una crisis profunda. Ella sale de un largo túnel. En ninguno de los dos ambas situaciones son evidentes, están más bien sugeridas. Durante la quinta escena la pareja inicia los trámites de su divorcio. Tienen un encuentro a solas para firmar los papeles, y se produce entonces un brutal estallido de violencia. Es la primera vez en años y años que dicen lo que sienten por el otro, en que se odian y se maltratan. Ninguna de las máscaras a las que —juntos o separados— han pugnado por aferrarse permanece adherida a ellos. Entran, por fin, al infierno.

Continúa ahora la sexta y última escena de esta obra esencial. Que la cuente Bergman:

Mi idea en este punto es que dos nuevas personas comienzan a surgir de todas estas ruinas. Quizá es demasiado optimista, pero no puedo remediar el que me saliera así. Johan y Marianne han vagado por un valle de lágrimas enriqueciéndolo con nuevos manantiales. Están aprendiendo a adquirir un nuevo conocimiento de sí mismos por decirlo de algún modo. Esto no se refiere solamente a un asunto de resignación, sino que también atañe al amor [...] Todo en realidad se encuentra aún revuelto, y nada ha mejorado. Todas sus relaciones están embrolladas, y sus vidas innegablemente basadas en un montón de mezquinos compromisos. Pero de algún modo están ahora empadronados en un mundo de realidades, de una forma completamente diferente a la anterior [...] Tardé tres meses en escribir esta obra, pero una parte bastante larga de mi vida en acumular las experiencias necesarias. No estoy seguro de que habría resultado mejor si hubiera sucedido a la inversa, aunque probablemente habría parecido más bonito. He sentido un cierto afecto por estos personajes mientras he estado ocupándome de ellos. Han ido creciendo bastante contradictorios, a veces inquietantemente infantiles, otras suficientemente maduros. Dicen muchas tonterías y sólo de vez en cuando se les ocurre algo sensato. Son nerviosos, felices, egoístas, tontos, amables, juiciosos, sacrificados, cariñosos, coléricos, apacibles, sentimentales, insufribles y dignos de amor. Todo revuelto. Ahora veamos lo que pasa.

Bergman escribió estas palabras en la isla de Farö, en Suecia, el 28 de mayo de 1972. Los que hoy resultamos cuarentones éramos entonces veinteañeros. Seguramente sin saberlo, probablemente ilusionados con otros derroteros, íbamos a empezar periplos existenciales bastante parecidos a los de Johan y Marianne. Estoy seguro de que hoy se puede decir de nosotros lo que Bergman escribía entonces de ellos. Hemos invertido una parte bastante larga de nuestras vidas en acumular experiencia, como el director dice de él. Sólo que no la vamos a emplear en escribir un guión, sino que intentaremos dibujar con ella alguna respuesta posible, adquirir algún conocimiento acerca del amor. Del amor *a* otro. Del amor *con* otro.

¿Qué hemos aprendido, en definitiva? Tomo algunas respuestas breves y ejemplares. Creo que en ellas, aun con la aparente sencillez con que están esbozadas, se halla lo esencial.

- "Sé que no quiero estar junto a alguien para hablar todo, analizar todo, establecer un torneo dialéctico permanente. Valoro la importancia de los silencios, de los espacios en blanco, de la nada. A esta

- altura de mi vida deseo estar con alguien simplemente para compartir eso, la sensación de estar", dice Graciela, que tiene cuarenta y dos años y trabaja como locutora en una estación de radio.
- "Con mi primera mujer éramos capaces de discutir hasta por el pronóstico del tiempo. Incluso después de separados seguíamos discutiendo cada vez que nos veíamos, como si existiera la posibilidad de vencernos o de convencernos el uno al otro de algo. De alguna manera eso nos seguía uniendo, creo. Bueno, hoy siento que no tiene sentido estar junto a alguien para discutir. No me importa tener razón ante la mujer que amo. ¿De qué sirve, tener razón? Lo que vale es compartir, ceder, contemplar." Así piensa, a los cuarenta y dos años, Francisco, que es gerente de comercialización de una fábrica textil.
- "No sé si quiero estar junto a un igual, de veras no lo sé. Mi primera pareja fue eso, una especie de coreografía en la que con mi mujer llevábamos el mismo ritmo y marcábamos los mismos pasos. En algunos intentos posteriores quise hacer lo mismo, pero fui aprendiendo que eso es una falacia: dos personas no pueden ser iguales, menos un hombre y una mujer. Hoy intuyo que de lo que se trata es de relacionarse desde las diferencias, desde el reconocimiento y la aceptación de ellas." Esto aprendió Fernando, comerciante, a los cuarenta y un años.

Lo que se deposita en torno de una pareja o en el interior puede ser mucho y variado. Hay quienes quieren que los contengan. Otros desean que los sigan, algunos que los comprendan, otros que los admiren. Existen quienes quieren que los apoyen, otros que los necesiten y muchos que los provean. En la medida en que uno pregunta, la lista de expectativas puede tornarse interminable. Y quizá allí resida la cuestión. En las *expectativas*. Nada enturbia tanto el paisaje como eso. Aunque a veces resulten inevitables, nada es tan inútil como las expectativas. Ellas señalan la patética pretensión de que es posible determinar el curso de las cosas. De que, por ejemplo, una pareja puede construirse según nuestros deseos. Una pareja es, en verdad, un encuentro. Algo que puede producirse o no, una historia que nos escribe. Más aún en esta edad, cuando llegamos a este punto desde todo un periplo existencial. Llegamos con historia, con historias, y sabemos que ellas no fueron producto de nuestro guión previo sino de la vida.

Sin propiedad privada

El tema del guión, de la decisión de controlar y conducir los acontecimientos (en este caso los acontecimientos amorosos) no muere en sí mismo. Si puedo reducir mi omnipotencia, si entiendo —en las vísceras, en la sangre, en la piel, en el sentimiento— que las situaciones de la vida no seguirán el derrotero que les ordene mi voluntad o mi pensamiento, porque no es así como se articulan los episodios existenciales, entonces comenzará a desmoronarse lenta, dificultosa y dolorosamente una vieja noción: la de propiedad. Y su contracara: la de pertenencia.

Si mi voluntad no es omnipotente, mucho menos puedo pretender regir la voluntad de la otra persona, ni sus actos, ni sus deseos, ni su identidad.

Julio, cuarenta y dos años, contador, me decía no hace mucho: "Por fin mi relación con Adriana se ha encaminado. La perseguí durante semanas a partir de nuestra primera salida. Cuando nos encontrábamos la pasábamos muy bien, sin embargo, algo me hacía sentir que ella no terminaba de entregarse. Esto me angustiaba. Una noche me dijo que debía contarme algo: cuando me conoció mantenía una relación con otro hombre, nada demasiado serio ni profundo, pero, sin embargo, no podía terminar de cortarla porque sentía cierta lástima debido a lo gentil que ese hombre había sido siempre. Yo le dije que estaba todo bien, que la entendía, que se tomara sus tiempos y que, de todos modos, lo nuestro continuaba. Pensé que, en el fondo, su confesión me liberaba de compromisos y me permitía mantener otras puertas abiertas. Me equivoqué. A los pocos días advertí que con ella me sentía siempre incómodo, inquieto. Y cuando no estábamos juntos, lejos de hacer uso de mi propia pretendida libertad, en lo único que pensaba era en que yo quería estar con ella mientras es probable que Adriana estuviera con el otro. Me volví paulatinamente dependiente de ella y, sobre todo, del fantasma de la otra relación.

Así fue que al fin se lo dije: ella sentía lástima por el otro tipo, pero no me tomaba en cuenta a mí. Le expliqué que, seguramente, eso se debía a que el otro era un tipo débil, mientras que en mí ella había encontrado una imagen fuerte y segura. La prueba estaba en que yo sabía de la existencia del otro, pero él no sabía de mí. Ella temía que él sufriera, pero tenía la certeza de que a mí no me ocurriría eso. Le dije que, en fin, así se creaba una situación cómoda para ella y la insté a elegir. Si no podía estar sólo conmigo, que se quedara con él. No pudo darme una respuesta y, por lo tanto, decidí que dejáramos de vernos. Eso no alivió mi sufrimiento. Comencé a pensar en ella más que nunca, me entristecía su ausencia, recordaba nuestros momentos compartidos. Luego de algunas semanas —tres, cuatro; no sé cuántas— me llamó. Quería saber cómo estaba yo. No hizo otra pregunta ni insinuación. Yo tampoco avancé un solo milímetro más allá de mi respuesta. Incluso diría que, en el fondo, me dio un poco de rabia su llamada. Pasaron otros pocos días, y fui yo quien la llamó. Tomamos un café. Terminamos en la cama, en su casa, a donde yo nunca había ido, pues ella, que estaba separada desde hacía un año, vivía con su hijo de cinco. Desde ese momento paulatinamente nos hicimos inseparables. Adriana comenzó a quedarse dormir en mi departamento dos o tres noches por semana (cosa que yo nunca le había permitido a otra mujer en mis tres años de separado); otro par de noches, generalmente en el fin de semana, cuando su hijo no estaba, dormía yo en la cama de ella. Un día le pregunté por el otro, y me contestó con otra pregunta: '¿No te diste cuenta, acaso?'. Así nos fuimos consolidando. Descubrí que, contra lo que yo había supuesto, Adriana era una mujer muy excitable en la cama, que era allí donde perdía las limitaciones y la formalidad que, a veces, la caracterizaban en la vida cotidiana. Me proponía juegos, quería complacerme y por ciertos detalles —la sucesión de llamadas telefónicas a mi oficina, durante el día— advertí que era ella quien ahora parecía pendiente de mí. Una noche, después de hacer el amor, le dije: 'No tienes que depender de mí. Cuando notes que empiezas a hacer cosas que yo te pido o que tú piensas que yo espero, es porque entraste en la zona de peligro. En ese momento lo que tienes que hacer es irte, irte lo más lejos posible antes de que sea tarde'. Me miraba en silencio y con cara de no entender mucho mientras se lo decía. Pero es inteligente y sé que comprendió. Ahora seguimos bien, aunque yo diría que bien con minúscula, habituados, sin aquella pasión de antes, aunque tranquilos. Yo debería decir que soy feliz, que se cumplió el sueño con que empecé esta relación, pero no me sale el decirlo convencido. No sé por qué".

Tampoco yo sabía exactamente por qué había notas de este relato que me sonaban desafinadas. O por qué una cierta desazón me ganaba primero al escucharlo y luego mientras lo recordaba. Hube de atravesar algunas experiencias personales (no demasiadas ni extensas), de escuchar con mejor atención, otras veces, y de atender algunas reflexiones sabias para entender que el de Julio era un relato ejemplar, sin que eso signifique necesariamente una virtud.

La relación de Julio, su mismo relato inclusive, es agobiante. Pesa, asfixia. Tiene el ropaje de una historia de amor, se parece al proceso de nacimiento de una pareja, pero en verdad contiene los elementos infalibles para matar el amor y anular la posibilidad de convivir y compartir con otra persona. A lo largo de todo el relato, él aparece como una suerte de conductor que se esfuerza por encarrilar las cosas, por ponerlas, sí o sí, en un cauce que considera correcto y necesario. Cuando Adriana le confiesa la relación paralela él acepta, pero sólo en función especulativa: tiene en cuenta lo que ese hecho le permitirá a él ("mantener otras puertas abiertas"). No se trata de una verdadera aceptación del estado de las cosas, sino casi de una planificación futurista.

Luego se vuelve dependiente, envía su pensamiento y su energía hacia lugares a los que no puede llegar, sobre realidades que ignora (¿estará ella con el otro o no?) y que, de todas maneras, no puede modificar. ¿Entonces qué solución encuentra? Una que él considera "lúcida": el *planteamiento*. Le dice a ella lo que ella siente por el otro y lo que siente por él. Le cuenta, por si fuera poco, cómo es el otro y cómo es él. Se trata de una actitud patética. ¿Desde dónde, con qué derecho, a partir de qué iluminación puede nadie "decirle" al otro lo que el otro siente? ¿Cómo se puede explicar, "radiografiar" a una persona, inclusive a un desconocido, sin ser irremediablemente soberbio? ¿Cómo Julio no advertía que el hecho de que él supiera del otro, pero el otro ignorara la existencia de él indicaba, en todo caso, un acto de confianza por parte de Adriana? Ella no estaba haciendo lo que quería, no estaba siguiendo metódicamente los pasos de un plan maestro. Hacía lo que podía, amaba a Julio como podía amarlo *en ese momento*. Cegado por su afán de *conducir* la historia, Julio cayó en el absurdo: *la instó* a elegir. ¿Qué elección puede incluir el amor cuando es hija de una exigencia? Adriana no pudo darle una respuesta. Esto fue un síntoma de lucidez en medio del dolor de toda la situación. Cuando por fin daba la impresión de que, como podía, la relación comenzaba a encontrar un espacio y un ritmo, Julio volvió a caer en un pecado capital: preguntar, buscar ponerle palabras a lo que no las necesitaba Adriana consiguió evitar la trampa con una respuesta mínima y sutil. De inmediato Julio descubrió en ella a una amante insospechada. ¿Pero es *insospechada* la palabra exacta? En realidad Julio tenía una sospecha, sólo que apuntaba en dirección opuesta a la realidad. Él había decidido un papel para Adriana. Ella no lo cambió, se limitó a ser quien era.

Como broche de oro apareció el consejo. Me imagino cómo se sentiría él en el momento de proporcionarlo. Todos hemos tenido y tenemos momentos así. Ha de haberse sentido lúcido, sincero, comunicativo, sensible y amante. Permisivo y liberador. "Cuando sientas que dependes de mí, vete." Toda una frase. ¿Una frase? Una orden, una exigencia. En el mismo momento en que le dijo a Adriana "No permitas que te haga a mi imagen y semejanza", lo que estaba haciendo era precisamente eso, moldearla. Cuando ella aceptó este consejo envenenado empezó a depender. ¿Cuál sería entonces el consejo adecuado? *Ninguno.* ¿Por qué habría de estar diciéndole el uno al otro lo que se debe y lo que no, lo que conviene y lo que no? ¿Por qué, simplemente, no dejarse ser? Cuando conocemos a alguien vemos (aunque sea un poco) lo que es. Lo que nos atrae, se supone, es eso. Lo que el otro (o la otra) *es*. No nos atrae por lo que *no es*. Después, sí, suele ocurrir que empezamos a ponerle elementos de nuestro pensamiento, empezamos a construirlo, querer controlarlo y conducirlo, a que satisfaga nuestras expectativas. Sin embargo, se me ocurre que una condición esencial del amor es la de poder aceptar al otro que *es*, o lo que el otro *es*. Y ser ante él o ella quienes somos, los que somos. Si nos dejamos podemos ser, en una pareja, siempre alguien diferente y siempre los mismos. A condición, sí, de no ser construidos por el otro.

En los cuarenta, uno está ya en condiciones de saber qué ocurre cuando elegimos el camino de la conducción y el control. Empiezan las confrontaciones de los pasados, los reproches, los forcejeos por modificarlos. Las batallas imposibles, las que no valen la pena, las que consumen —a pesar de todo— esfuerzos, energía, ilusiones, sentimiento, vida.

Creo que estos malos entendidos son la base de una confusión mayor y, al parecer, irresoluble: la de la fidelidad.

En el filo de la navaja

Acerca de la fidelidad escribe el novelista alemán Thomas Mann en *Carta sobre el matrimonio*: "Una auténtica fidelidad amorosa no es posible más que en el matrimonio y a través de él. En realidad el matrimonio es tanto un efecto y un producto de la fidelidad, cuanto su generador, su escuela, su terreno, su custodio. Uno y otro forman una sola cosa: es imposible determinar qué surgió primero, si el matrimonio o la fidelidad".

Es así, la fidelidad no suele aparecer como elemento central hasta que una pareja se institucionaliza o, para decirlo de una manera menos grave, se estabiliza. Como Mann, son muchísimos los escritores, pensadores, estudiosos, etcétera, que le han dado vueltas al tema de la fidelidad sin lograr encerrarlo en una fórmula tranquilizadora. Es que no existe tal fórmula, y esto no es necesario que sea escrito por nadie: todos lo sabemos. Aun ahora, llegados a los cuarenta o cruzados éstos, solteros o en pareja, sabemos que ése es el tema sobre el cual jamás existe la palabra final. Acaso porque sea tan cercano al de la posesión, y después de experiencias de parejas en edades menores, quien más quien menos sabe que no desea ser poseído, aunque pocos, si alguno, pueden asegurar que no son posesivos.

Hace un tiempo, Mauricio, un consultor empresario que ya pasó con tranquilidad los cincuenta años de edad, me dijo algo que, en ese momento, sonó en mis oídos como una frase lúcida, brillante y cargada de sabiduría: "Una cosa es la lealtad y otra la fidelidad, el día en que las parejas lo entiendan van a ser más felices". Pensé que Mauricio había dado en el clavo. En mi entender lo suyo quería decir algo así como "no importa a dónde va mi cuerpo, lo que importa es dónde está mi alma". Algo que, de manera más despojada, encierra el viejo refrán "ojos que no ven, corazón que no siente". Creí ver en la consigna de Mauricio un paradigma de la madurez. Pero quizá contribuyó a ello el hecho de que yo no estaba enamorado en ese momento y sentía además las heridas todavía frescas de una relación reciente en la cual los celos patológicos habían actuado como monstruos voraces destruyendo todo lo que los rodeaba.

Con el tiempo advertí que, por algo, Mauricio es un buen publicista. Su frase es equilibrada, atractiva, efectista. ¿Pero qué vende? Lisa y llanamente un indulto. Porque ocurre que todos somos organismos, seres integrales, no pedazos desmontables y aislables. No hay cuerpo por un lado, cerebro por otro, mente por un tercero. Y acerca del amor podrán tejerse todavía muchas especulaciones, pero en la realidad hay algo que no se puede desmentir: *cuando uno se enamora, se enamora con cuerpo y alma.* Entonces lealtad y fidelidad quieren decir lo mismo. Si le soy leal a una persona (a mi pareja), le soy fiel.

Pero con esto no se termina la cuestión. Planteada así de terminante, la fidelidad bien puede convertirse en una condena. Y retomando la frase de Mann, bien cabe adosarle ésta de Marina Colasanti en su *Hablando de amor*:

> Estoy cansada de ver infidelidades en matrimonios que no tienen la menor intención de terminar y de los cuales los propios infieles se dicen muy satisfechos. La infidelidad puede beneficiarse de un mal matrimonio, pero éste no la necesita para subsistir. La única cosa que la infidelidad necesita es el deseo de romper un compromiso de exclusividad, manteniendo, sin embargo, el vínculo de la relación.

Hasta aquí hay algo que queda en claro. Se ha hablado de infidelidad, de matrimonio, de exclusividad, de pareja. No se menciona todavía al amor. "Cuando dos personas se aman y se tienen, se sobrentiende que el amor impedirá la entrada de terceros en la perfección de ese círculo", dice Colasanti. "Al decir yo *te amo* el amante apasionado está diciendo *yo te amo sólo a ti* y está asumiendo un compromiso de fidelidad. La duración de ese compromiso, sin embargo, queda en el aire."

Ésta es la cuestión: *el amor.* Cuando se instala parece barrer con todas las dudas y peligros. Pero ¿qué es la infidelidad? ¿Se trata del final del amor?

Difícil es precisarlo, como cualquiera lo sabe. Hay actos de infidelidad que nacen por un deseo de gratificación sexual y en eso mueren, y otros que de allí se elevan a historias de amor. Lo que sí es verdad es que en toda infidelidad hay alguien que es engañado. En sus expectativas, en su tiempo, en su amor. A veces el infiel engaña a los dos, a su pareja y a su "cómplice" (prometiendo futuros, por ejemplo). Y a veces se engaña, para completar, también a sí mismo.

Hay, sí, infidelidades que marcan el final de una relación. Otras señalan una crisis de la pareja o de la persona. Tampoco la fidelidad es siempre igual. Existe la fidelidad por amor, la que no se cuestiona a sí misma, la que florece y fluye como una consecuencia natural del sentimiento compartido, la que no se arrastra como una carga ni se siente como una reja. Y existe la fidelidad por temor (a las escrituras, al castigo, al sentimiento, etcétera, etcétera); ésta sí es castigo, condena y caldo de cultivo de rupturas dramáticas y difíciles.

Todos estos temas no están remitidos exclusivamente a los cuarenta. La cuestión de la fidelidad es inherente al amor y a la pareja a cualquier edad. Pero, en todo caso, lo que se sabe a los cuarenta es que las respuestas siguen resultando difíciles de hallar. Hay quienes relegan el tema, hay quienes no exigen nada a cambio de que nada les sea exigido; hay quienes controlan, vigilan y asfixian; hay quienes se aman y son fieles porque se aman.

Desde lo personal —que en el caso de este libro es siempre polifónico— sé que si alguna cosa he ganado a estas alturas de mi vida es la libertad y la posibilidad de elegir. Eso no significa ser esclavo de una elección. Esto se combina con la certeza de que la frase *yo te amo* no se regala ni se dice por compromiso. Es una ofrenda hecha a quien elijo. Nadie nos obliga a elegir, nadie nos obliga a amar. Y, en ese caso, nadie obliga a ser fiel. *Pero ser fiel a quien amo porque elegí es, en definitiva, serme fiel a mí mismo.*

En definitiva, lo que sí es verdad a los cuarenta es algo que Césare Pavese dijo hace mucho tiempo: "Que a esta edad todos somos responsables de nuestra cara".

Espacio de reflexión
El juego de la elección

¿Usted cree que una relación amorosa está basada en los designios del destino o es el producto de una elección? ¿Cómo les llama a las razones de las alternativas que ocurren en ese vínculo: culpas o responsabilidades? Según estas dos preguntas se respondan de una manera o de otra, así será la suerte de la relación. A continuación le propongo una serie de ejercicios de introspección que apuntan a desentrañar este tema:

1. Haga una lista con todas las cosas que, a estas alturas de su vida, no quiere de una pareja. ¿No las quiere porque ya las ha vivido o porque jamás entraron en sus fantasías o proyectos afectivos?
2. Haga una lista con aquellas cosas que, a estas alturas de su vida, son requisito indispensable de una relación amorosa. ¿Son requisitos que debe cumplir la otra persona, son requisitos impersonales, son requisitos que se plantea a usted? ¿Son requisitos que dependen del azar, de las circunstancias o de su propia acción? ¿Cuál es el origen de ellos?
3. Procure repasar con serenidad y sinceridad su historia amorosa, su estilo de vincularse, y luego vea cuál de estos modos de elección es el que más se ajusta a usted:

- Elijo pensando en mí, en lo que deseo, en lo que necesito, en lo que puedo dar y recibir en el momento de la elección.
- Elijo imaginando lo que la otra persona puede llegar a ser o a darme, fantaseando con lo que haremos y seremos juntos.
- Elijo a partir de las necesidades, deseos, ilusiones y fantasías que la otra persona expresa y me seduce la idea de poder ser yo quien los satisfaga.
- Elijo tratando de encontrar a una persona con la cual creo que voy a poder repetir o recuperar situaciones anteriores de mi vida.

- Elijo a una persona que aparece nueva ante mis ojos y procuro irla descubriendo y manteniendo despiertos mi atención y mis sentimientos ante lo que aparece como nuevo y desconocido.
- Elijo a personas que, según lo que veo y escucho, piensan, sienten y actúan como yo.
- Elijo a personas que son completamente diferentes de mí, para poder conocer otros modos de vivir, actuar y sentir.
- Elijo a personas que, creo, me van a cambiar la vida.
- Elijo a personas que, creo, me permitirán afirmarme en lo mío.

Ahora deténgase en sus respuestas. ¿Qué le dicen de su estilo de elección amorosa? ¿Qué papel juega la responsabilidad en él? ¿Cuánto delega usted en el destino, en la casualidad, en la mirada del otro? ¿Elige personas o elige sueños y fantasías? Una cosa es cierta: siempre elegimos. Si podemos darnos cuenta cómo y para qué lo hacemos, habremos avanzado un buen tramo en el desarrollo de nuestra potencialidad amorosa.

7 Los tiempos mejores

"El amor feliz no tiene historia en la literatura occidental", afirma rotundo Denis de Rougemont. Buena parte de su libro *Amor y Occidente* se aplica con meticulosidad a demostrarlo. "La nostalgia, el recuerdo y no la presencia nos emocionan. La presencia es inexpresable, no posee ninguna duración sensible, no puede ser más que un instante de gracia", señala como ejemplo.

"¿Por qué preferimos a cualquier otro relato el de un amor imposible?", vuelve a preguntarse. Y el nombre de *Casablanca* —con el sublime Bogie y la inolvidable Ingrid ardiendo como mariposas en las llamas para consumar el más profundo mito moderno de amor imposible acude puntual a mi mente. De Rougemont parte en pos de la respuesta: "Porque amamos la quemadura y la conciencia de lo que se quema en nosotros. Vínculo profundo del sufrimiento y el saber. ¡Complicidad de la conciencia y de la muerte! Definiría gustosamente al romántico occidental como a un hombre para el cual el dolor, y especialmente el dolor amoroso, es un medio privilegiado de conocimiento".

¿Es eso entonces el amor, un imposible? Buena definición para melancólicos. Pero resulta sospechosamente poética y algo insuficiente. No propongo una mitología del vitalismo, un antintelectualismo esnob o posmoderno ni nada por el estilo. Simplemente sospecho que pretender capturar en un tubo de ensayo, o en las páginas de un libro, la naturaleza esencial del amor puede ser un acto, en definitiva, tan empobrecedor como soberbio.

A lo sumo podría optar por lo que dice Erich Fromm en esa joya breve y única que es *El arte de amar*:

> El amor maduro significa unión a condición de preservar la propia integridad, la propia individualidad. El amor es un poder activo en el hombre; un poder que atraviesa las barreras que separan al hombre de sus semejantes y lo une a los demás; el amor lo capacita para superar su sentimiento de aislamiento y separatidad, y no obstante, le permite ser él mismo, mantener su integridad. En el amor se da la paradoja de dos seres que se convierten en uno y, sin embargo, siguen siendo dos.

Esa definición es mucho más bella y profunda de lo que puede asomar en una primera lectura. Acaso porque incluye la noción de separatidad, fuente primaria de nuestras angustias. Cada uno de nosotros aparece en el mundo como una entidad separada que vivirá una vida cuyo lapso desconoce. El único sentido posible de esa vida es que en su transcurso podamos romper los barrotes de la prisión inicial, extendernos, tomar contacto y unirnos a los demás seres humanos. ¿Qué camino, qué vehículo, qué vínculo puede conducir a esa superación de la angustia primitiva? *El amor*.

> El amor es la penetración activa en la otra persona —escribe Fromm— en la que la unión satisface mi deseo de conocer. En el acto de fusión te conozco, me conozco a mí mismo, conozco a todos y no "conozco" nada. Conozco de la única manera en que el conocimiento de lo que está vivo le es posible al hombre por la experiencia de la unión, no mediante algún conocimiento proporcionado por nuestro pensamiento.

¿Qué es conocer al otro? ¿Acaso poseerlo? Nada más lejano. Conocerlo es aceptarlo como otro. Respetarlo. Y, por lo tanto, liberarlo. Liberarlo ante todo de nosotros mismos, de toda pretensión de que sea nuestro. "Muchas personas, hombres y mujeres, no logran la paz hasta que no han transformado al ser esplendoroso de su amor en algo controlable, circunscrito, definido; hasta que no han hecho de él un animal doméstico", recuerda Francesco Alberoni.

De eso, al llegar a los cuarenta ya deberíamos de haber aprendido algo. Para entonces la mayoría de nosotros hemos sido, alternativamente, domesticadores y domesticados. Y la vida nos encuentra en un punto en el que quisiéramos vivir el amor como una forma de libertad, de ser *con* otro; no *para* otro. Al menos es la premisa que aparece con frecuencia en nuestras palabras, en nuestras declaraciones de propósitos.

Lo cierto es que existen incontables tratados sobre el amor, tenaces y enjundiosos esfuerzos por capturarlo en una definición, brillantes ejercicios del pensamiento y profundas búsquedas filosóficas de su significado. Sin embargo, lo que se sabe a través de lo vivido es que, en definitiva, casi ninguna definición es suficiente y que el amor es, en verdad, *los* amores. Sabemos que cada historia es única e irrepetible, porque cada persona con la que la vivimos lo es, como resulta nuestro propio caso. No hemos amado lo mismo en cada persona a la que amamos a lo largo de nuestras vidas. Y seguramente no nos han amado siempre por lo mismo. Quizá a esto alude una frase que cierta vez le escuché a una psicóloga quien, a su vez, la atribuía al ubicuo psicoanalista francés Jacques Lacan: "Amar es dar lo que no se tiene", decía. Suena enigmático. Acaso se refiera a que amar es dar (o permitir que el otro tome) lo que ignoramos que tenemos. O crear lo que no tenemos para darlo. Podría ser. Personalmente prefiero una evidencia menos hermética. Creo que a los cuarenta años uno da lo que tiene, o lo que ya sabe que tiene y puede dar. Porque el amor a los cuarenta es, en fin, la consumación de lo aprendido en los años anteriores. ¿Qué es lo que se sabe? Acaso no muchas cosas, pero sí importantes. Un intento de sintetizar numerosas respuestas y relatos relacionados con estas preguntas podría producir el siguiente resultado:

- *Todo es definitivo mientras dura.* Las relaciones que se plantean desde el principio como "para toda la vida" no tienen ninguna garantía de cumplir la consigna. En todo caso las parejas que perduran con armonía parecen fundarse en la certeza de que todo empieza y termina cada día. Y así con cada amanecer.
- *No hay un modelo de hombre o de mujer.* Aunque en determinadas etapas todos somos capaces de describir un modelo de mujer (o de

hombre) que es el que nos erotiza, enamora, ilusiona, etcétera, no necesariamente nuestras parejas exitosas se componen con alguien así. Es que el modelo corresponde a una fantasía, a una suposición de que es posible "construir" a un otro, "hacerlo" una proyección de nuestros deseos. El otro (la otra) verdadero es, en definitiva, como es. Aparece por su propia existencia y no por gestación de nuestra voluntad. Otra de las facetas inclasificables del amor.

- *El amor no es para sufrir*. A pesar de aquello que dice que el amor feliz no tiene literatura, uno empieza a sospechar, con los años y las vivencias, que la reiteración del sufrimiento en las relaciones afectivas no anuncia, precisamente, la presencia del amor. Buena parte del sufrimiento afectivo tiene que ver con la intención de hacer coincidir la historia que se vive con la historia que se tiene en mente. Esto puede ocurrir por varias razones que no son materia de este libro. Pero lo cierto es que lo vivido enseña algo: el amor no es, no debería ser, una batalla. Se trata de un encuentro con alguien que se da de manera natural y fluida, sin necesidad de torcer la corriente. El amor es placer, es estar bien, es complementarse desde múltiples e insospechables ángulos posibles. Cuando aparece la voluntad como una herramienta que intenta cambiar, "construir", una historia o una identidad, lo más seguro es la aparición del sufrimiento. Pero hacia los cuarenta quien más quien menos, todos hemos sufrido lo suficiente por estos motivos como para decir: "No más". Esto lo hemos aprendido, antes no lo sabíamos, nos lo enseñó el sufrimiento. Pero, de todas maneras, no nos ha hecho inmunes. También a los cuarenta, todavía, se sufre por amor. A pesar de todo.

- *No existen los héroes*. La literatura, las leyendas, la cultura, las costumbres han instituido en el mundo amoroso la figura del héroe o la heroína, del rescatador o la rescatadora que conquistan al otro a partir de salvarlo de una situación difícil, dolorosa, dramática. Hay parejas construidas sobre esa base, que suele adoptar, también, la forma de un pacto. ¿Rescatar o no rescatar? Ésta es una pregunta crucial. ¿No encierra la noción de rescate la instancia de hacerse responsable por el otro? ¿Puede nacer, en la etapa media y madura de la vida, una relación sobre la base de alguien que se hace responsable de la vida del otro? La tentación de lo heroico suele ser fuerte. Responde, después de todo, a un mito ancestral. Sin embargo, se supone que la edad mediana es aquélla en la cual cada quien es responsable de sí. Aquella oración gestáltica de Fritz Perls según la cual "No he venido a este mundo a cumplir tus expectativas./No has venido a este mundo a cumplir mis expectativas./Yo hago lo que hago./ Tú haces lo que haces./Tú eres tú./Yo soy yo./Si nos encontramos puede ser hermoso./Si no, no tiene remedio", puede ser un himno de las relaciones amorosas a los cuarenta años.

El proyecto es la felicidad. "Los adultos hablan mucho de la felicidad porque no la conocen", dice un personaje de *La Pasión*, bella novela de Jeanette Winterson. Como suele ocurrir, los personajes de ficción llegan a decir las verdades más puntuales. Solemos soñar con la felicidad como los conquistadores fantaseaban con Eldorado. Algo perfecto, eterno, inmaculado. Algo único, que se alcanza de una vez y para siempre. Nos la prometemos. A veces la creemos posible y cercana. Otras veces se convierte en una simple y definitiva quimera. Forma parte de nuestros sueños, de nuestras declaraciones amorosas, de nuestras expresiones de deseos secretas. Y jamás se concreta, al menos en ese estado puro, ideal, completo, intemporal. Hablamos mucho de ella y no la conocemos, es verdad. Porque ocurre que esa felicidad no existe. Su verdadera presencia está hecha de momentos, de instantes. Pensar en la felicidad como un estado que sobreviene de una vez y para siempre equivale a posponer el tiempo presente en nombre de una fantasía, mientras los momentos felices ocurren sin que tomemos conciencia de ellos. La felicidad es eso, momentos que ocurren. Cuando nos ocurren acompañados de alguien la sensación puede ser mágica. Si no, también. Lo cierto es que, quizá por aquello de que el tiempo cuenta ahora de una manera diferente, en el amor de los cuarenta la felicidad ya no es un proyecto, un punto de llegada en el mañana. Curiosa o paradójicamente, sólo tomada así, como la posibilidad de un momento o una situación que ocurre hoy, ella puede ser considerada como proyecto amoroso (con las connotaciones futuras que, inevitablemente, encierra la palabra proyecto). Uno ha aprendido (cuando aprendió, y si no tampoco esto tiene remedio) que encontrarse con alguien para estar presentes cuando la felicidad ocurra sí tiene sentido, pero que proponerse construirla como una tarea o una misión sólo puede conducir a la frustración y al desgaste.

La trama que nos escribe

Una de las preguntas que integraba el extenso cuestionario de que me armé cuando planeaba este libro era la siguiente: ¿cuál es el proyecto amoroso a los cuarenta?

Como ocurre con tantas otras interrogantes, la respuesta no es ésa —*felizmente*— en estas páginas. Ni en ninguna otra, creo. Porque si algún rasgo de sabiduría pudiera caracterizar al amor a los cuarenta, ése debería ser la carencia de proyectos. Desde adolescentes nos acostumbramos (nos enseñaron, nos modelaron así) a enamorarnos con un proyecto. *De* un proyecto. Un proyecto de hombre o de mujer, un proyecto de pareja, un proyecto de hogar, un proyecto de vida en común, un proyecto de momentos compartidos. No había no hay una circunstancia ligada al amor que no apareciera previamente diseñada en nuestras fantasías, en nuestros mandatos, en nuestras expectativas, en nuestra educación sentimental, en nuestra voluntad, en nuestro deseo.

Para muchos, los cuarenta pueden resultar una etapa crítica dolorosa, desesperanzada que los encuentra aún empeñados en el cumplimiento de aquellas escrituras, no importa cuándo se hayan actualizado, o cuán imposibles hayan demostrado ser. ¿Es ésa la persecución tenaz del amor o la búsqueda insaciable del sufrimiento? Cada quien puede responderlo, con absoluta sinceridad, desde su vivencia. Personalmente he ido aprendiendo (a menudo después de tropezar y golpearme más de una vez con la misma piedra) que, en efecto, la vida tiene una trama y que, observada desde lo ya vivido, es una trama impecable, capaz de poner rojo de envidia al mejor guionista de cine. Con una particularidad: es imposible escribirla (o describirla) de antemano. Cierra con perfección, todo en ella encaja, pero no es producto completo de la voluntad de nadie, mucho menos de sus protagonistas. Hablar de proyecto amoroso, proponer uno con el fin de consumarlo, puede ser indicio de soberbia o de pobreza. Sugiere que es posible escribir la vida (¡y nada menos que la vida afectiva!) antes de vivirla. Empeñarse en cumplirlo es un método seguro para cerrar caminos y andar, en definitiva, por una senda estrecha y previsible.

¿Proyecto amoroso? ¿Qué proyecto amoroso? A lo sumo un deseo, o una plegaria: poder estar presente cuando el amor pase por donde yo estoy. La siguiente definición del amor se la escuché a la psicoterapeuta Kita Cá: "El amor es como una onda que te atraviesa o como una ola que te lleva y te trae, no es nada que uno dirija. El amor es generoso, sabe dar, sabe esperar, no mira a través de un embudo hacia un único punto. Es una corriente de energía, a veces nos monta, a veces la cabalgamos". Me explicaba todo esto cuando yo había cumplido mis cuarenta y aún se me daba, a veces, por creer que las historias de amor pueden ser escritas. Me refiero a las verdaderas historias de amor, no a las de los libros. Las historias ya están escritas, me explicaba con amorosa paciencia, y cuanto más hacemos por forzarlas o dirigirlas, más conseguimos alejarlas. Por fin aprendí (corrijo: empecé a aprender) lo que muchos hemos ido experimentando. Que, en efecto, lo mejor que nos puede ocurrir con el amor es *ser escritos* por sus tramas.

Quizá esto explique, en parte, una paradoja de la que fui testigo hace un par de meses. En la mañana de un sábado soleado de invierno compartía una mesa con dos amigos en un bar de Palermo. Fernando, a los cuarenta y cuatro años, lleva quince de casado con su mujer. Es su segundo matrimonio y ha tenido dos hijos en éste y uno en el primero. "Lo que más quiero en este momento de mi vida es estar solo", nos confesaba mientras nos internábamos en el ineludible capítulo afectivo de toda conversación de este tipo que discurre así, sin objetivos previos. "Me asfixia saber qué voy a hacer cada día y con quién. Quiero a mi mujer, es una buena persona, es linda, es inteligente, no se trata de nada contra ella, ¿me entienden? Soy yo, yo que quiero estar solo, ser dueño de mis tiempos, de mis ganas y de mis no ganas. Yo sé que ella me quiere, pero ni siquiera tengo ganas de estar con alguien sabiendo que me quiere. No es eso lo que necesito. Algo nos pasa, creo, a los dos. Lo hemos empezado a hablar. Con miedo, pero lo empezamos a hablar. Son muchos años los que llevo sin sentir espacio a mi alrededor."

De inmediato Ignacio, cuarenta y dos años, separado hace dos de su segunda pareja estable (que duró tres años y siguió, tras cinco de soltería, a un primer matrimonio de siete años) planteó el contrapunto. Lo que él quería en ese momento era llegar a convivir con la mujer que amaba, y con la cual mantenía una relación conflictiva. Ella vivía los momentos finales de otra relación y no podía encaminar su historia con Ignacio. Él, dispuesto y disponible, decía que se sentía como en la montaña rusa. Pasaba de los picos de la plenitud a la sima del desasosiego y la incertidumbre sin puntos intermedios. Ansiaba un final feliz y en esa resolución se veía conviviendo con esta mujer, compartiendo momentos, sensaciones e intereses y, lo definitorio para él: le ilusionaba incluso la idea de llegar a tener un hijo con ella. Él, que ya tenía uno preadolescente y con el cual siempre había sentido cumplidos los requisitos de su paternidad. Del mismo modo, hasta el momento de iniciar esta relación la idea de volver a encarar una pareja sólo pasaba por el más remoto de sus meridianos.

¿Eran dos proyectos? ¿Uno de soledad y uno de pareja? No lo creo. Eran, sí, dos momentos en dos vidas. Dos hombres que estaban siendo escritos por sus destinos amorosos. Ninguno de ellos hubiera reconocido como propio tal destino apenas un año antes. ¿Se separará Fernando? ¿Emprenderá su nueva pareja Ignacio? En el momento en que escribo, ambas situaciones están todavía sin resolverse. Y cuando ellos cierren habrán sido simplemente eso, situaciones que cierran para permitir la inmediata apertura de otras, breves o largas, profundas o leves, dramáticas o ligeras, tan ciertas y tan vitales como éstas. Tan definitivas y tan provisorias como éstas.

O como la de Alfredo, un editor de cuarenta y un años que acaba de separarse de la mujer con la que compartió vida y trabajo durante un lustro, sólo para afirmar, desolado, que no puede vivir sin pareja. "No con ella, no con Susana —se lamentaba ante el enésimo café que regaba nuestra charla reciente—, a ella estoy contento de no verla más, pero lo que no puedo es estar sin pareja."

Justamente lo contrario de Ignacio, que cuando soñaba en pareja, paternidad y demás fantasías, sólo las consideraba aplicables a *esa* mujer de la cual está enamorado y no a otra. "Si hago abstracción de ella —decía aquella mañana en el café—, no puedo verme en pareja; no podría mantener una relación constante, diaria, comprometida con cualquier otra mujer. Sólo ella me despierta esos impulsos." Alfredo pone el acento en la compañía, Ignacio en el compromiso. ¿Hay una verdad? Hay momentos. Ignoro cuántos millones de cuarentones habemos en la ciudad desnuda. Pero estoy seguro de que nuestras historias de amor nos exceden en número.

Mi pareja, yo mismo

Fernando, Ignacio, Alfredo. Sus nombres son apenas comodines. ¿Cuántos diálogos similares y simultáneos discurrían en aquella mañana de sábado? Con otros nombres, con otro sexo, con variaciones, pero ¿cuántos? ¿De cuántos fuimos y seremos testigos, de cuántos fuimos y seremos protagonistas? Son caras infinitas, distintas e iguales de un caleidoscopio gigante. El modelo del amor se arma y desarma constantemente como un inmenso organismo, vivo, inabarcable. Y estamos adentro de él, somos parte, no observadores. Nunca se llega, nunca hay un estado definitivo del corazón (aunque la ciencia insiste en que se ama con alguna zona del cerebro). Al menos es lo que se sabe desde aquí, desde la atalaya de los cuarenta y sus alrededores. En todo caso lo cierto, lo que parte de la intuición de cualquiera de nosotros, es que todavía queda mucho por amar. Que la mejor historia de amor es siempre una posibilidad abierta, algo que puede empezar a ocurrir a la vuelta de la próxima esquina y que esa historia puede ser otra o puede ser la que vivimos hoy.

Y toda historia de amor empieza, esencialmente, en el interior de cada individuo.

> Así como existen enemistad y desacuerdos entre las personas, existen también enemistad y desacuerdos interiores entre diferentes aspectos del mismo sujeto. Así como existe una relación en pareja con otro ser humano, existe también una relación de pareja interior entre los aspectos masculino y femenino de la propia individualidad, de manera que cada individuo es, en realidad, una pareja.

Esto explica el doctor Norberto Levy en *La pareja interior*. En verdad, esto ilumina una zona del conocimiento acerca de nosotros mismos que con frecuencia y facilidad solemos olvidar. ¿Cuánta armonía, qué grado de entendimiento, qué integración existe en esa pareja que cada uno alberga en su interior? La respuesta puede comenzar a rastrearse en cada caso desde lo exterior.

> Cuando la pareja interior es armónica —dice Levy—, uno está en condiciones de desear compartir con el otro lo que ya se ha alcanzado interiormente; cuando no lo es, surge inevitablemente el deseo de ser salvado: que aparezca alguien con quien poder formar una relación más satisfactoria que la que uno es en el propio interior. Este deseo es una fuente incesante de dolor, dependencia y frustración y es la causa de buena parte del sufrimiento que experimentamos los seres humanos en los vínculos de pareja.

Esto puede verificarse en el mejor laboratorio: uno mismo. Puesto a reflexionar a partir de los conceptos anteriores, llego a una conclusión: los momentos en que mejor he podido estar en pareja fueron aquéllos en los que mejor podía estar solo. No es una paradoja; es una coincidencia. Y nada le debe a la casualidad. De aquí a creer que basta con estar bien solo para que aparezca mágicamente una buena pareja, hay un espacio sideral, por supuesto. Pero es cuando mejor equilibrados estamos interiormente cuando mejor nos conectamos afuera.

En una entrevista conjunta realizada con Marta Slemenson, publicada en la revista *Uno Mismo* (núm. 75, septiembre de 1989), la terapeuta Silvia Salinas relata su experiencia con grupos de gente cercana a los cuarenta años:

> Algo que veo repetidamente como traba es la propia urgencia, la ansiedad por hacer o por rehacer una familia. Esto impide conectarse con un otro real; sólo ves en el otro a una posible pareja y entonces te pierdes la posibilidad de descubrirlo como persona. Estos enamoramientos intensos, que duran poco tiempo, en realidad nunca existieron. Son sólo el deseo de enamorarse, representan un depositar en el otro lo que yo estoy buscando. Y así el otro nunca termina de exis-

tir por él mismo, sólo es mi proyección; cuando aparece, cuando lo veo como realmente es, entonces el amor acaba. Viene la depresión, el dolor. Hay personas que se pasan años viviendo estos ciclos de enamoramientos y separaciones. En definitiva, siguen solos por la imposibilidad de ver al otro. Mientras se viva en este nivel de ilusión, es muy difícil enamorarse realmente y encontrar la pareja adecuada para cada uno.

Continúa diciendo Salinas:

La persona que tiene mucho para dar, va a encontrar quien lo reciba. De ahí que la propuesta sea buscar a otro por lo que tengo para compartir, buscarlo desde lo que tengo y no desde lo que me falta. Estaré condenada al fracaso si me digo que "sola no puedo" y me guía la fantasía de que el otro va a resolver mis problemas.

Muchas veces cuesta, por supuesto, dominar las urgencias, apaciguar esa sensación de que la vida se nos va, refrenar el impulso obsesivo, desbordante, excesivo que lleva a sentir que la oportunidad de un amor determinado planteada a esta edad es la última. En *Te amo, sigamos juntos*, el popular psiquiatra estadunidense David Viscott reflexiona acerca de estas aristas:

La gente siempre busca una persona que represente un ideal, porque cree que encontrar la pareja perfecta lo vuelve a uno perfecto también. Como dichas personas no abundan, tendemos a idealizar a otras y a enamorarnos de esa imagen que hemos creado. Después, cuando descubrimos sus imperfecciones, las rechazamos. La inseguridad nos hace temer que las flaquezas del otro demuestren que nosotros también somos imperfectos.

Acerca de este proceso de idealización subraya más adelante Viscott:

El problema de muchas personas que reconocen cuánto les agrada el *flechazo* es que nunca llegan a superar esta primera etapa del amor [...]

La pareja ideal no se encuentra nunca, por lo cual nos quedamos con nuestros sueños no realizados y la certeza de que estamos volviéndonos más viejos. Hasta que el milagro vuelve a repetirse o al menos eso creemos. Descubrimos en otro ser alguna característica que nos encantaba años atrás, y de pronto comenzamos a verlo a la luz de los reflectores de otros tiempos. Estamos más viejos, pero volvemos a sentirnos jóvenes. En este contexto amoroso perdonamos las imperfecciones que deberíamos cuestionar y nos imaginamos un ideal perfecto que no existe. Como es de imaginar, le damos a esta relación una trascendencia mayor que la debida. Pero eso no lo queremos saber. Sólo deseamos creer que el amor existe. Basta un solo comentario hiriente para darnos cuenta del autoengaño y volver a la realidad. El ser amado nos desilusiona sin darse cuenta [...] La otra persona no es como creíamos y nosotros también somos distintos [...] Es más fácil cortar la relación y huir, que llegar a reconocer que contribuimos a nuestro propio engaño por un error de percepción. Y así seguimos adelante, proponiéndonos no permitirnos volver a sufrir nunca más.

He citado extensamente a Viscott porque creo que describe con sencillez y exactitud situaciones que nos son conocidas. Habla de un momento afectivo que parece inevitable. Pero que no es, en modo alguno, inmodificable.

Desfila toda la compañía

Tenemos cuarenta años; nos acercamos a ellos (algunos a más velocidad que otros); los hemos pasado. Hay quienes miran a esta edad como la de la resignación. Otros creen que es, en cambio, la verdadera edad de merecer. Aquel momento de la vida en el cual se han terminado de pagar los grandes derechos de piso, la etapa en que se ha regresado de algunos errores fundamentales, el tiempo en que se han aflojado (o debieran de haberlo hecho) asfixiantes presiones sociales y familiares, en que ha sido posible mirarse en el espejo de la propia alma para encontrar con bastante aproximación a quienes somos.

¿A qué habría que resignarse? ¿A convertir la segunda etapa de la vida simplemente en una larga y previsible espera? Para quienes piensan así reproduzco las palabras finales de *La fiebre del divorcio*, de Christiane Collange.

> Yo tenía una amiga a la que quería mucho. Era generosa, valiente, trabajadora, alegre y más llena de vida que todas nosotras, hasta el día de su muerte. Se llamaba Françoise y había luchado durante tres años contra un cáncer. A los cuarenta y dos años, perdió la batalla [...] El día de su entierro, en una pequeña iglesia de suburbio, los dos hombres de su vida y padre de sus hijos y su compañero de los diez últimos años estaban allí. Uno y otro guapos, fuertes, conmovidos y rodeados de sus hijos [...] Al verlos llorar, me dije: también yo me sentiría orgullosa de que los hombres de mi vida me acompañasen así, el uno junto al otro, el último día. Porque los he amado a todos. Y les debo a cada uno momentos muy importantes aunque sólo recorrimos juntos un trecho del camino. Porque la vida nunca se repite: continúa.

Ahí está: la vida continúa. El tiempo mejor es siempre el tiempo desconocido, el que está por llegar. "El amor no nace al principio ni al final de la senda, justamente en la mitad del camino de la vida estamos predispuestos para amar, porque el alma está madura y rica" dice Carlos Gurméndez en *La teoría de los sentimientos*. Y pregunta: "¿Ya no buscamos el amor ni lo procuramos con afán, como en la juventud, porque es lo ya conocido? No, el amor es la única sorpresa de la vida, lo esencial y radicalmente extraño, lo que no sucede todos los días, lo inhabitual; o sea, la poesía fulgurante de un atardecer de otoño, la rara aparición de un ser, la centella que ilumina nuestra modorra cotidiana".

Otro ser lo detona y lo corporiza, pero el amor está antes, está mientras vivimos. Es aquella pareja interior que ya nace con nosotros, es esa onda que nos transporta o esa energía que nos atraviesa. No es una decisión previa, ni un proyecto, no es un acto de la voluntad ni un producto de la imaginación. Basta con echar una mirada retrospectiva sobre la propia historia afectiva para advertir que ha sido así y para ver con claridad de qué manera se ha tejido la trama en la historia amorosa de cada uno de nosotros.

El amor a los 40

Todos, los más escépticos y los menos esperanzados, los más románticos y los menos comprometidos, los más cínicos y los menos apasionados, todos hemos amado y hemos sido amados. Hemos amado a quienes nos amaban y hemos amado a quienes no; hemos sido amados por quienes no amábamos; hemos amado en silencio y a gritos; nos han amado sin que lo supiéramos; hemos amado en armonía y a destiempo; hemos amado en la salud y en la enfermedad. Todas las conjugaciones verbales del párrafo anterior pueden pasarse al tiempo presente y siguen siendo válidas. Algunas de todas las posibilidades valen para alguien y más de una por persona también.

Amar es como saber. Una vez que sabemos no podemos volver a ignorar. Cada acto de amor es un acto de conocimiento. En primer lugar, de mí mismo. Luego del otro. Acaso la cristalización más bella del amor sea aquélla en la cual ese conocimiento propio y mutuo de cada uno de los amantes les permite girar y compenetrarse durante todo el tiempo, permitiéndose cada uno y permitiéndole al otro ser siempre otro y siempre el mismo. Puedo ser padre e hijo, hija y madre, esposo y esposa, amante y novio de la mujer que amo; ella puede ser todo eso para mí. Amarnos es aprender esas cosas y llegar a vivenciarlas. ¿Fácil? No, por supuesto que no lo es. Pero intentarlo es una de las formas de aquello que se puede hacer por amor, precisamente. Y es algo que uno puede proponerse (y proponer) a esta altura de la vida en la cual ciertas rigideces o encasillamientos de la propia conducta no sólo definitivamente no funcionan, sino que sencillamente aburren.

Alguno de los párrafos iniciales dice que este libro es como una historia de amor. Debe ser por ese motivo que me cuesta la despedida. Quizá sería posible regresar sobre muchos puntos y tratarlos de otra manera, acaso diferente, acaso mejor. Quizá fuera posible continuar, encontrar nuevos modos de abordaje, abrir nuevos frentes. Es seguro que sí. Pero así como no hay un modo de amar, son válidas casi todas las formas de acercarse al tema del amor a los cuarenta. Ésta ha sido una. Una mirada desde adentro. Absolutamente subjetiva y comprometida. Todo lo que me proponía era un intento de reflejar qué nos ocurre con el amor a los que andamos por los cuarenta y sus alrededores. Como es obvio, mi punto de partida ya incluía un prejuicio: el de que hay amor a los cuarenta. Si de algo ha servido la travesía por estas páginas, fue para comprobar que eso por lo menos eso es cierto. Suficiente cantidad de historias lo demuestran. También la actitud de quien llegó con su lectura hasta aquí: ¿para qué tomarse tanto trabajo para algo que no existe o que se extingue?

En la medida en que existimos, el amor existe. Lo que no hay es una fórmula para sentirlo y vivirlo. Apenas, sí, algunas experiencias comunes y compartidas, ciertos tránsitos similares. Pero no son fórmulas, son evidencias. Las suficientes como para decir que, por lo vivido y lo aprendido, lo sufrido y lo cedido, lo ganado y lo perdido, la de los cuarenta (y de ahí en más) debería ser *la edad de merecer*. Nos merecemos beber en el amor como en una fuente de placer y no de tormento, de luz y no de oscuridad. Por supuesto, somos responsables exclusivos de que sea así. Hemos llegado hasta aquí con un equipaje de experiencias que incluyen éxitos y fracasos, buenas y malas parejas, expectativas cumplidas y frustradas, florecimiento y cicatrices. En el equipaje con el que continuaremos la travesía, el amor tiene un lugar preponderante. Vamos en busca de nuestra otra mitad, o quizá ella ya nos acompaña. Nadie garantiza que la encontraremos. Nadie garantiza que quien hoy nos acompaña, nos acompañará siempre. La única manera de saber es vivir y amar.

De eso se trata. De estar vivos, amando, amados.

Espacio de reflexión
Un mapa y un territorio

Quizá usted está nadando en el río que cruza la mitad de la vida. Quizá aún no, y se prepara para hacerlo. Quizá toca las aguas con la punta del pie antes de sumergirse. Quizá ya bracea con decisión hacia la otra orilla y sabe que una sola cosa no podrá hacer: volver. En cualquiera de los casos usted es alguien —una mujer, un hombre— que tiene una historia amorosa, que puede dar fe de esa autobiografía, que puede responder por ella y que ha aprendido y se ha desarrollado en cada momento de esa trayectoria. El relato de su vida afectiva no se detendrá aquí. Tiene episodios pendientes, hay capítulos por abrirse, nuevas exploraciones esperan. El río en el que nada —o en el que va a sumergirse—

lleva un caudal rico e inagotable, se alimenta de su vida, la de usted. Intentemos un último repaso a esos afluentes y a la trayectoria próxima. Éstas son mis sugerencias para esta parte del recorrido:

- *Tómese un tiempo y ubíquese en lugar tranquilo, en el que no sea interrumpido. Acomódese de la manera más agradable, rodéese de recuerdos que conserve de su historia amorosa (fotos, cartas, regalos recibidos, souvenirs a los que usted adjudica valor sentimental, etcétera). Si no conserva recuerdos materiales, no importa. Basta con los que guardan su memoria y sus sentidos. Tenga a mano su papel y su lápiz o lapicero. Si lo desea, agregue música.*
- *Recorra esos recuerdos. ¿Qué le dicen? ¿Qué emociones le despiertan? ¿Qué imágenes? ¿Qué palabras?*
- *Empiece a concentrarse en uno de ellos. Vaya, a través de él, al encuentro de la persona con la que tuvo —o tiene— el vínculo. Cierre los ojos. Deje que surjan imágenes de esa persona, su voz, episodios que vivieron juntos, conversaciones, momentos de intimidad. Permanezca allí, con ella, el tiempo necesario. No fuerce la permanencia, no haga esfuerzos por recordar, simplemente tome lo que viene. Cuando lo crea suficiente, despídase, retorne al presente, abra sus ojos.*
- *Ahora, en el presente, y después de este encuentro, trate de darse cuenta de qué cosas amó (o ama) de esa persona. Y también, qué cosas amó (o ama) ella en usted.*
- *Si quiere repetir este encuentro con otra persona, hágalo.*
- *Cuando haya terminado estos recorridos, tómese el tiempo necesario y escriba dos listas. En una, las cosas que usted supo y pudo (o sabe y puede) amar. En la otra, las cosas por las que fue (o es) amada o amado. Luego léalas. ¿Qué le dicen de usted? ¿Qué sentimiento le despiertan? ¿Cómo se ve? ¿Qué siente? Hay personas que se sienten orgullosas, otras agradecidas, otras aliviadas, otras reconfortadas, otras fuertes, otras sorprendidas, otras en paz, otras estimuladas, etcétera. Trate de explorar detenidamente su propia sensación hasta percibirla con claridad.*

- ¿Cuáles son, según su sentimiento, los principales actos de amor que ha protagonizado en su vida? Anótelos.
- Ahora, en una hoja nueva, escriba qué cosas siente que merece —como ser amante y amado— a esta altura de su vida. Antes de anotarlas, deje que lleguen a usted y perciba si de verdad son ellas, si se sostienen y consolidan, o si hay otras más convincentes y enraizadas.
- Tómese unos instantes e imagine cómo sería (cómo es, cómo fue) una vida afectiva en la cual su capacidad amorosa se expresara libremente y en la cual usted recibiera (recibe, recibió) lo que siente merecer. Escríbalo. Al pie, ponga la fecha del día en que lo hace.
- Conserve estas hojas, vuelva a ellas cada tanto. Agregue o corrija según lo que vaya descubriendo. Lo que tiene entre manos es un mapa del territorio amoroso a explorar a partir de este momento de la vida. Las coordenadas de este mapa nacen desde el centro de usted. Mientras no pierda esa referencia, no corre peligro de extraviarse y siempre habrá alguien con quien encontrarse (o permanecer) para viajar en compañía.
- Recuerde, el mapa no es el territorio. El verdadero territorio de sus vivencias amorosas (pasadas, presentes y futuras) no está en ningún papel, no puede ser reducido a dibujos ni a textos. Es una experiencia siempre posible, siempre abierta. Para recorrerla vuelva periódicamente a estas dos preguntas: a) ¿A dónde estoy yendo?; b) ¿Quién me acompaña? Jamás invierta el orden de las preguntas. Buena suerte y mucho amor.

El amor a los 40,
escrito por Sergio Sinay,
demuestra que,
mas allá de los furores y los
arrebatos adolescentes, el
romance adulto nos permite
amar y ser amados con mayor
sabiduría y profundidad.
La edición de esta obra fue compuesta
en fuente goudy y formada en 11:13.
Fue impresa en este mes de enero de 2002
en los talleres de Acabados Editoriales Incorporados, S.A. de C.V.,
que se localizan en San Fernando 484-B,
colonia Tlalpan centro, en la ciudad de México, D.F.
La encuadernación de los ejemplares se hizo
en los talleres de Dinámica de Acabado Editorial, S.A. de C.V.,
que se localizan en la calle de Centeno 4-B,
colonia Granjas Esmeralda, en la ciudad de México, D.F.

OTROS TÍTULOS PUBLICADOS EN ESTA COLECCIÓN

Los hombres son de Marte, las mujeres son de Venus
John Gray

Aunque no lo crea vale más de lo que piensa
Técnicas, métodos y ejercicios para desarrollar autoestima
y alcanzar nuestro máximo potencial
Lynda Field

Aunque tenga miedo ¡conéctese!
Técnicas dinámicas para relacionarse en el trabajo, la amistad y el amor
Susan Jeffers

Revolución desde adentro
El más formidable libro de autoestima que se haya escrito jamás
Gloria Steinem

Aunque sean odiosos, ámelos igual
Cómo transformar sus sentimientos negativos hacia los hombres
Susan Jeffers

Venza sus adicciones
Cómo afrontar el cambio y empezar una nueva vida
Corinne Sweet

Consejos de una vieja amante a una joven esposa
Michael Drury

Aprende a creer en ti
Manual práctico de autoestima
Lynda Field

Cómo llenar sus días de amor
Acciones cotidianas para alimentar el corazón y el alma
y ser más feliz cada día
Alan Epstein

El derecho a la ternura
Luis Carlos Restrepo

Comer para adelgazar
Michel Montignac

El método Montignac
Especial mujer
Michel Montignac

Los tests de la inteligencia emocional
Técnicas y ejercicios para comprobar
y desarrollar su coeficiente emocional
Siegfried Brockert y Gabriele Braun

El arte de cuidar de ti misma
Jennifer Louden

Esta bendita manía de vivir en pareja
Delicias y tormentos de la vida conyugal
Paul Reiser

Cómo juzgar a los demás a primera vista
Técnicas sencillas para aprender a descubrir tu personalidad
y la de los demás
Jean Brun

Pensamiento positivo
Un método práctico para disfrutar de la vida
Vera Pfeiffer

Usted puede cambiar su vida
Técnicas del Tratamiento Neuroprogramado
Erica Guilane-Nachez

Aprendiendo a aprender
Técnicas de aprendizaje acelerado
Christian Drapeau

Autoterapia emocional
Una guía integral y definitiva para liberar los sentimientos
negativos
John Ruskan

¿De qué tenemos hambre realmente?
Lila Villarreal

Aprenda a decir NO
Ideas y propuestas para fomentar la libertad de decisión de las mujeres
Ulrike Dahm

Recuentos para Demián
Los cuentos que contaba mi analista
Jorge Bucay

Cuentos para pensar
Jorge Bucay

Las técnicas del pensamiento positivo
Christian H. Godefroy y D. R. Steevens

Joven y en forma para siempre
Un programa revolucionario para invertir el proceso
de envejecimiento
Hattie con Sallie Batson

El asistente interior
Los mecanismos de la autocuración psicológica
Norberto Levy

Esta noche no, querida
Cuando los hombres buscan su masculinidad verdadera
Sergio Sinay

Cartas para Claudia
Palabras de un psicoterapeuta gestáltico a una amiga
Jorge Bucay

De la autoestima al egoísmo
Miedo, culpa, orgullo, límite
Jorge Bucay

Amarse con los ojos abiertos
El desarrollo personal a través de la pareja
Jorge Bucay/Silvia Salinas

Tu piel joven y sana
Heike Kóvacs y Monika Preuk

Misterios masculinos
que las mujeres no comprenden
Sergio Sinay

Pequeño manual para padres a principios del siglo XXI
Lluís Jordà Lapuyade

Ser padre es cosa de hombres
Redescubriendo y celebrando la paternidad
Sergio Sinay

El camino de la Autodependencia
Jorge Bucay

Ayer lloré
Para celebrar las enseñanzas de vivir y amar
Iyanla Vanzant

SP 306.734 S615

Sinay, Sergio.
El amor a los 40 : los
caminos hacia la plenitud
amorosa en la mitad de la vid

Tuttle ADU CIRC

htutw
Houston Public Library

JUL 0 2 REC'D   14.00